Hansjörg Falz, MERIAN-Chefredakteur

Liebe Leserin, lieber Leser,

im Westen viel Neues: Die Bremer Übersee-stadt gibt dem Ortsteil Walle eine neue Bestim-mung. Auf etwa 300 Hektar Fläche wird der Hafen an der Weser revitalisiert, es entsteht ein »Standort der Möglichkeiten«. Unser Redakteur Kalle Harberg und unsere Fotografin Christina Körte sind in diesem jungen Quartier, in dem gewohnt, gelebt und gearbeitet wird, auf Ent-deckungsreise gegangen und kommen zu dem Ergebnis: »Spannend! Da wächst was!« Und dies gerade mal zwei Kilometer vom historischen, altehrwürdigen Zentrum der Stadt entfernt. »Wir Bremer meckern nicht, wir packen an«, charakterisiert Alt-Bürgermeister Henning Scherf »seine« Bürger im MERIAN-Interview – und als wäre dafür ein Beweis erforderlich, stellten wir bei der Recherche für diese Ausgabe fest, dass einige Bremer aus der Not (Entlassung, Insolvenz) eine Tugend (Selbstständigkeit) gemacht haben und sich als Meister ihres Fachs entpuppen. Sie stellen jetzt sehr feine Produkte her (ab Seite 46). Keine Bremen-Ausgabe ohne Sidestep nach Bremerhaven. Ein idealer Fleck, um ihn in 48 Stunden zu erkunden. Ins Klimahaus nahm unsere Kollegin Tinka Dippel ihre Söhne mit, die – beeindruckt von dem, was sie auf der Reise entlang des 8. Längengrades erlebten – zu Hause den Wunsch äußerten, nach Samoa auszuwandern. Das dürfen wir nicht zulassen, wir brauchen eure Mama hier!

Herzlich Ihr

Von 1948 bis heute: Zum fünften Male ist die Hansestadt Thema eines MERIAN-Heftes

 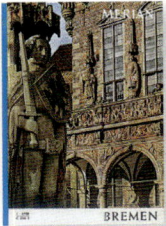  

REISEN BEGINNT IM KOPF

MERIAN

Der MERIAN-Podcast nimmt Sie mit auf Wochenendtrips in Deutschland: Reise-inspiration zum Hören auf merian.de und bei allen gängigen Anbietern.

 Folgen Sie uns auf merian.magazin bei Instagram. Oder begleiten Sie uns auf Facebook.

Readly Beim digitalen Zeit-schriftenkiosk Readly können Sie diese und andere MERIAN-Ausgaben auf dem Tablet oder Smartphone lesen.

72

Landesvater und leidenschaftlicher
Klavierspieler: ein Hausbesuch
bei Alt-Bürgermeister Henning Scherf

INHALT

94

So cool ist Bremerhaven:
Filmemacher Tim David Müller-Zitzke
zeigt seine Stadt

34

Die Kunsthalle bekennt Farbe!
Beim Remix bekamen viele ihrer Räume
einen knalligen Anstrich verpasst

60

Im alten Hafen sprießt neues
Leben – dank Michael Scheer
und seiner Gemüsewerft

Abendstimmung an der
Weser: Rainer Ganske
fotografierte die in der
Dämmerung erleuchtete
Promenade der Schlachte,
wie sie sich in Bremens
großem Strom spiegelt

TOP 10

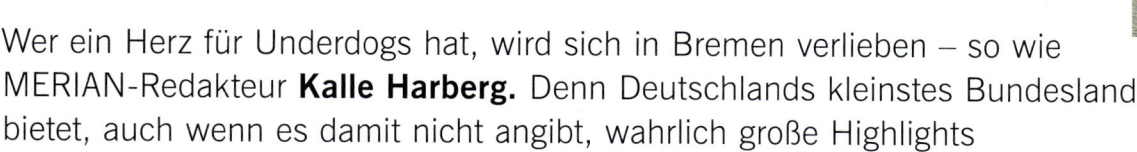

Wer ein Herz für Underdogs hat, wird sich in Bremen verlieben – so wie MERIAN-Redakteur **Kalle Harberg.** Denn Deutschlands kleinstes Bundesland bietet, auch wenn es damit nicht angibt, wahrlich große Highlights

1 Rathaus
Als »Gute Stube« bezeichnen die Bremer ihren Marktplatz – und schön gemütlich ist der wirklich. Beherrscht wird der zentrale Platz der Stadt vom prächtigen Rathaus, das Anfang des 15. Jahrhunderts erbaut wurde, um 1610 entstand die reich verzierte Fassade im Stil der »Weserrenaissance«, und seit 2004 zählt es zum UNESCO-Welterbe. Die prunkvollen Innenräume wie die Güldenkammer kann man nur mit einer Führung betreten, in den Ratskeller aber darf man auch ohne Guide, um einen alten Tropfen zu trinken (S. 54). Jeweils ein Foto mit der Statue des Roland und der Stadtmusikanten, beide direkt am Rathaus, gehören zu jedem Bremen-Trip. rathaus.bremen.de

2 Dom St. Petri
Gleich neben dem Rathaus gelegen und trotzdem gerade weit genug entfernt, dass sich einst Stadträte und Bischöfe, wenn unterschiedlicher Meinung über das Wohl der Stadt, aus dem Weg gehen konnten, liegt Bremens großes Gotteshaus. Der noch heute erhaltene Sandsteinbau stammt aus dem 11. Jahrhundert, die dreischiffige Basilika ist innen eher hanseatisch schlicht gehalten, einen geführten Rundgang für alle gibt es jeden Samstagmittag. Auf jeden Fall sollte man die 265 Stufen des südlichen Kirchturms hinaufsteigen, von dem man einen fantastischen Blick über Bremen hat. stpetridom.de

3 Schnoor
Manche Gassen in diesem Altstadtviertel sind so eng, dass man nicht zu zweit Seite an Seite hindurchlaufen könnte. Der Name leitet sich vom niederdeutschen Begriff für »Schnur« ab, früher lebten hier Fischer und Handwerker, heute sind in den putzigen Häusern kleine Geschäfte und Manufakturen zu Hause. Ein Höhepunkt, vor allem für Kinder, ist das Bremer Geschichtenhaus, ein lebendiges Museum, durch das als wichtige Persönlichkeiten der Stadtgeschichte verkleidete Darsteller führen. Wüstestätte 10, bremer-geschichtenhaus.de

4 Überseestadt
Bremens gigantisches Stadtentwicklungsprojekt umfasst eine Fläche fast doppelt so groß wie die Hamburger Hafencity, mit der es oft verglichen wird. Soll heißen: Am besten besorgt man sich ein Leihrad, um die Überseestadt zu entdecken – oder man erkundet sie in kleineren Streifzügen. Ein spannender Spaziergang führt vom Areal der Überseeinsel, wo sich der Biergarten der Gemüsewerft befindet, über den Europahafen entlang der Promenade bis zum Strandpark Waller Sand (S. 60). ueberseestadt-bremen.de

5 Universum
Das Mitmachmuseum macht seinem Namen alle Ehre: An etwa 300 Exponaten können Besucher im Science Center mit den Kräften und Gesetzen der Natur spielen. Der Bau des Science Centers erinnert an einen Wal, seine schillernde Hülle aus 40 000 Schindeln hat sich zu einem beliebten Fotomotiv entwickelt. Ideal ist das Universum natürlich für einen Nachmittag mit den Kindern – oder aber man lädt seinen Erzfeind ein, setzt ihn aufs Erdbebensofa oder schließt ihn an den Lügendetektor an, den man hier ausprobieren kann. Wiener Str. 1a, universum-bremen.de

6 Bürgerpark
Das beliebteste Grün der Stadt wurde bereits 1866 von Bremer Bürgern eingerichtet und wird bis heute vorwiegend privat finanziert. In dem 200 Hektar großen Park gibt es vier Restaurants, ein Tiergehege, eine Minigolfbahn, eine Boule-Anlage, jede Menge Liegewiesen und Spielplätze sowie einen Ruderbootverleih am Emmasee. Wer nicht selber paddeln, sondern sich lieber zurücklehnen will, steigt einfach an einem der vier Anleger in das Fahrgastschiff »Marie«, das eine anderthalbstündige Rundfahrt macht. buergerpark.de

7 Auswandererhaus
Obwohl Bremerhaven nur der kleinere Teil des ohnehin nicht durch seine Größe bestechenden Bundeslandes ist, hat es einige echte Sehenswürdigkeiten. Neben dem Klimahaus (S. 84) ist das Deutsche Auswandererhaus das große Aushängeschild der Stadt: Mehr als sieben Millio-

1 | Wie ein Wal ragt der silberfarbene Bau des Universum Bremen aus seinem Teich 2 | Der Glanz der alten Hansestadt lässt sich am besten abends am erleuchteten Rathaus spüren 3 | Kleine Läden in noch kleineren Gassen – im Schnoor, nur fünf Minuten Fußmarsch vom Rathaus entfernt

nen Menschen emigrierten zwischen 1830 und 1974 von Bremerhaven in die Neue Welt, das 2005 eröffnete Erlebnismuseum folgt ihren Spuren bis nach New York. Und wer Familienmitglieder hat, die einst selbst die Fahrt über den Atlantik wagten, kann in den Datenbanken des Museums nach seinen Vorfahren suchen. Columbusstr. 65, dah-bremerhaven.de

8 Weser
Einmal von Südosten nach Nordwesten schneidet Bremens großer Fluss durch die Stadt. Der lebhafteste Abschnitt ist die »Schlachte« genannte Uferpromenade westlich vom Marktplatz, entlang derer viele Bars und Biergärten liegen. Wer es

lieber ganz ruhig angehen lässt: Zwischen Bremen und Bremerhaven ragt Harriersand, eine der größten Flussinseln Deutschlands, aus der Weser. Von April bis Oktober ist sie per Fähre vom Ort Brake aus zu erreichen.

9 Worpswede
Technisch gesehen liegt die Künstlerkolonie in Niedersachsen, praktisch ist sie einer der schönsten Ausflüge von der Hansestadt aus. Zu erreichen ist sie ganz einfach vom Hauptbahnhof mit der Buslinie 670. Insgesamt sechs Kunst-Museen finden sich in Worpswede, darunter das Museum am Modersohn-Haus (S. 106), dazu gibt es die Ateliers und

Galerien der rund 140 Künstler, die bis heute in der Gemeinde leben.
worpswede.de

10 Viertel
Wo die Ortsteile Ostertor und Steintor aufeinandertreffen, hat sich Bremens unangefochtener Szenetreff etabliert. Sein Name ist so schlicht wie eingängig: »Viertel«. Nicht nur auf der Hauptstraße, dem Ostertorsteinweg, sondern auch ringsum gibt es viele coole Cafés und Bars wie das »Wohnzimmer« (Ostertorsteinweg 99). Eine Institution im Quartier: Das Feinkostgeschäft »Holtorfs Heimathaven« öffnete bereits 1874 als Kolonialwarenladen seine Türen (Ostertorsteinweg 6).

*Christina Körte,
Fotografin aus
Hamburg, war für
MERIAN schon in
vielen Städten –
in Bremen setzte
sie die gigantische
Überseestadt in
Szene (S. 60)*

FOTOSCHULE VIERTELPORTRÄT

Wie inszeniert man ein ganzes Quartier?

1. **Architektur** hat dabei immer einen großen Stellenwert – gerade in der Überseestadt. Bei einem Stadtentwicklungsprojekt wie diesem sollte man probieren, das Nebeneinander festzuhalten: das Brandneue neben dem Unfertigen, zum Beispiel die Bewohner, wie sie unter den Kränen einer Baustelle hindurchspazieren.

2. **Einwohner** geben einem Viertel das Gesicht und machen ein Viertelporträt erst lebendig. Kleiner Tipp für die Kontaktaufnahme: Ich setze mich gerne einfach mal auf einen Platz und spreche interessante Personen an! Schüchtern sollte man dafür allerdings nicht sein.

3. **Ausrüstung** Lieber mit leichtem Gepäck durch den Tag als alles dabeizuhaben – inklusive der schlechten Laune. Immer griffbereit für Momentaufnahmen habe ich ein Allround-Objektiv 24-70 mm, für spektakuläre Perspektiven ist ein Ultraweitwinkel-Objektiv in der Tasche.

STREIFZUG MIT DEM MUSEUMSDIREKTOR

Dass die 200 Jahre alte Kunsthalle Bremen innen so farbenfroh ist, überraschte MERIAN-Redakteurin **Tinka Dippel**. Dass sie modisch und farblich zum Standort einer der Ikonen des Hauses passte, war aber Zufall: Maurizio Cattelans Bremer Stadtmusikanten sind eines der Werke, die Direktor **Christoph Grunenberg** ihr beim Rundgang zeigte (S. 34).

TEESTUNDE BEIM EX-BÜRGERMEISTER

Schriftsteller **Nicol Ljubić** traf **Henning Scherf** in dessen Arbeitszimmer zu einer Kanne grünen Tee. Es war nicht die erste Begegnung der beiden: Ljubić begleitete Scherf für eine Story einst einen Tag lang durch seinen damaligen Alltag als Bremer Bürgermeister, dieses Mal aber besuchte er ihn zu Hause in seiner schön-schrägen WG (S. 72).

KAFFEEPAUSE BEIM RÖSTMEISTER

Kakao, Hefe, Malz: Die Besuche bei Bremer Produzenten (S. 46) waren für MERIAN-Redakteur **Jonas Morgenthaler** (rechts) äußerst lehrreich. Auch die Röstmaschine erklärte **Christian Ritschel** von Lloyd Caffee – aber zuerst gab es einen köstlichen Kaffee.

Dubai des Nordens

So nannte Satiriker Jan Böhmermann seine Heimat,
um sie zum **Social-Media-Star** zu machen. Genug Charakter
hätte Bremen allemal – und genug neue Attraktionen auch

Nur 7 m² groß ist Deutschlands kleinstes Haus – hat aber eine eigene Dachterrasse

Bremen, Deutschlands neue Influencer-Hochburg? Klingt eher unwahrscheinlich, ist aber wahr: Als Social-Media-Kulisse ist die Stadt erstaunlich gefragt. Der größte Name ist YouTube-Star. Handwerker-König und Musiker Fynn Kliemann (rechts) kaufte Anfang 2021 im Schnoor das kleinste Haus Deutschlands (links) – sieben Quadratmeter für den Kaufpreis von 77 777 Euro! Das denkmalgeschützte Gebäude aus dem 19. Jahrhundert will Kliemann nun in eine Art Airbnb-Wohnung umwandeln – und er ist nicht der einzige Influencer, den es dieses Jahr in die Stadt an der Weser ziehen wird. Als Persiflage auf die wachsende Zahl deutscher Influencer, die aus Dubai für das Leben im Emirat werben, initiierte Moderator Jan Böhmermann, selbst im Stadtteil Vegesack groß geworden, im ZDF Magazin Royale die Kampagne »feelBremen«. Bürgermeister Andreas Bovenschulte stieg mit dem Gespür für einen guten Marketinggag mit ein – und nun bekommen 50 der gut 11 000 Bewerber (!) eine städtische Influencer-Lizenz, ein Straßenbahn-Tagesticket und eine Bratwurst. Na, dann »feel good«. feelbremen.de

In die Fabrikhalle mit den Philharmonikern

Es ist das am schnellsten wachsende Viertel links der Weser und wird viele Besucher an dieses unbekanntere Ufer holen: das **Tabakquartier.** Es entsteht auf dem 20 Hektar großen Gelände der ehemaligen Martin Brinkmann AG, die hier ab den 1930ern Europas größte Tabakwarenfabrik betrieb. Bis 2024 sollen zwischen 1500 und 2000 Wohnungen gebaut werden, dazu ein Highline-Garten wie in New York und jede Menge Räume für die Kultur. So wird aus der alten Fabrik das 5000 Quadratmeter große Zentrum der Freien Künste, und in die Nachbarhalle ziehen die Bremer Philharmoniker, die hier ab 2022 einen Proberaum mit 380 Plätzen für Zuschauer haben werden.
tabakquartier.com

Liebevoll gestaltete Geschenkboxen mit Produkten lokaler Manufakturen gibt's von »Made in Bremen«. Sie werden arrangiert zu Themen wie »Knipp und Klar« – mit Grützwurst, Gurken, Apfelmus und gleich zwei Fläschchen Korn. Alles zu haben online und im Laden im Zentrum.

Stadtwaage Bremen, Langenstr. 13
madeinbremen.com

Stolze 450 Kilogramm wiegt der vergoldete Bremer Friedensbuddha

Ein Geschenk des Erleuchteten

Als Zeichen des Friedens will der Dalai Lama auf jedem Kontinent einen Buddha errichten lassen. Der erste wurde in Neu-Delhi aufgestellt – und der zweite? Hat in Bremen seine Heimat gefunden. Der 2,40 Meter hohe Goldjunge sitzt im japanischen Garten der Botanika. Die selbst ernannte »Entdeckerwelt« besteht aus einer interaktiven Ausstellung und drei Gewächshäusern, die durch die Pflanzenwelt Asiens führen. Zusammen mit dem sie umgebenden Rhododendronpark hat die Botanika die weltweit zweitgrößte Sammlung von Rhododendron-Arten.
botanika-bremen.de

STADTMUSIKANTENHAUS

Es war einmal ein Museum

Die neue Heimat von Bremens bekanntesten Helden: das Kontorhaus

Große Schriftsteller bekommen von ihren Heimatstädten regelmäßig Museen, aber dass einem einzelnen Werk eine Ausstellung gewidmet wird, hat Seltenheitsfaktor. Genau das aber hat Bremen mit seiner bekanntesten Geschichte vor: Aus dem Kontorhaus am Markt soll das Stadtmusikantenhaus werden. Mit 4,9 Millionen Euro Fördergeld vom Bund und noch einmal so viel von der Stadt soll dort eine Ausstellung über das Grimm'sche Märchen entstehen, dessen Themen wie Solidarität, Migration und Freiheit aktueller sind denn je. Auch eine Buchhandlung, ein Literaturcafé und eine weitere Erlebnisausstellung könnten Platz finden im neuen Stadtmusikantenhaus, das frühestens 2023 eröffnen wird.

DAUERRIVALEN

Alles andere als Wurst!

Das schönste Streitthema der Stadt: Stockhinger (Foto) oder Kiefert? Als Bremer geht man aus Prinzip nur zu einem der beiden Bratwurst-Stände, oft in zweiter oder dritter Generation, weil deren Wurst angeblich um Welten besser schmeckt. Als verschärfender Faktor kommt hinzu: Die Stände der Bratwurst-Dynastien am Liebfrauenkirchhof trennen nur rund 15 Meter! Die Frontlinie zwischen den Lagern ist also schmal, auf beiden Seiten davon wird aber in der Regel glücklicherweise lieber gemampft als sich gezofft.

KLEINES DENKMAL

Auf der Bank mit Loriot

Die Augen genüsslich geschlossen, die Beine überschlagen, so lehnt sich der Knollennasenmann auf seine Bank. Die Idee für die Skulptur hatte Jürgen Schmidt, langjähriger Besitzer von »Grashoff« (siehe S. 56) und Freund Loriots, der in dem Bistro oft Gast war, als er von 1976 bis 1978 in Bremen seine berühmte Sketchserie drehte. Das Denkmal befindet sich auf dem Loriotplatz, basiert auf einer Zeichnung des Humoristen und ist nicht das einzige in der Stadt: Vor dem Hauptgebäude von Radio Bremen steht ein bronzenes Loriot-Sofa samt Mops.

GROSSER FOTOWETTBEWERB
ZEIGEN SIE IHRE BESTEN BILDER!

Jetzt mitmachen! Wir suchen Fotos zu den Themen **BRETAGNE, WIESBADEN, CITY TRIPS IN DEUTSCHLAND**

Traumreise für
10 000 €
zu gewinnen

»Die Lust am Reisen« – unter diesem Motto suchen MERIAN und CEWE die schönsten Leserfotos. Senden Sie Ihre Lieblingsbilder aus aller Welt ein! Hauptgewinn ist eine exklusive Tour im Wert von 10 000 Euro: Sie begleiten einen MERIAN-Fotografen auf seiner Recherchereise an ein besonderes Urlaubsziel. Mitmachen ist ganz einfach – und **Sie haben sogar zwei Gewinnchancen!**

In Kooperation mit CEWE, Europas führendem Fotoservice

1. CHANCE: LESERFOTO DES MONATS

Jeden Monat werden Ihre besten Fotos zum nächsten Heftthema gesucht: Einfach online hochladen und mitmachen! MERIAN prämiert das beste Leserfoto und veröffentlicht es im Heft (s. S. 14). Die nächsten Themen: **Bretagne, Wiesbaden, City Trips in Deutschland**. Ihre Fotos sollen einen Bezug zum jeweiligen Monatsthema haben, das Motiv darf frei gewählt werden: Ob Landschaftsbilder oder Straßenszenen – der Fantasie sind keine Grenzen gesetzt. Jeder Monatsgewinner erhält einen CEWE FOTOBUCH Gutschein im Wert von 50 Euro sowie ein MERIAN-Jahresabonnement.

2. CHANCE: LESERFOTO DES JAHRES

Jedes hochgeladene Foto hat dazu automatisch die Chance, das Foto des Jahres zu werden. Für diesen Wettbewerb dürfen Sie auch Bilder von anderen Zielen einsenden. Alles, was zum Motto »Die Lust am Reisen« passt, ist erlaubt: Motive von besonders schönen, originellen oder amüsanten Momenten genauso wie Fotos, die im Gedächtnis bleiben. Die Auswahl trifft eine Experten-Jury – und dem Sieger winkt eine exklusive Reise im Wert von 10 000 Euro. Alle weiteren Infos: www.merian.de/leserfotos

Mit nur einem zusätzlichen Klick können Sie auch am CEWE-Fotowettbewerb »Our world is beautiful« teilnehmen!

URTE KORTJOHANN

»Bremen-Norder, sagt Urte Kortjohann, die in Bremen-Nord im Stadtteil Blumenthal wohnt, »fühlen sich oft etwas vernachlässigt von Bremen-Stadt. In diesem Bild wollte ich zeigen, dass auch der Norden Bremens durchaus dynamisch und spannend ist. Manchmal muss man seine Perspektive auf Alltägliches wechseln und erkennt dadurch die Schönheit solcher Orte, die einem vorher vielleicht nicht aufgefallen ist.« Das Foto zeigt das Ablegen der Weserfähre in Vegesack (links) und die Skulptur einer Walfluke (rechts). Mit der Schwanzflosse wird auf die Walfängertradition in Vegesack hingewiesen. »Fotografie ist meine große Leidenschaft«, so die Elektrotechnik-Ingenieurin. Selbst wenn ihr mal ein Bild misslinge, »habe ich den Moment genossen«. Bei diesem Foto aber stimmt alles bis ins Detail!

»Dieser Kontrast zwischen Bewegung und Stillstand. Ein kleines Meisterwerk.«

DAS SAGT DIE JURY

Katharina Oesten, MERIAN-Fotoredakteurin: »Durch die Langzeitbelichtung entsteht hier eine wunderbare Dynamik. Der Himmel wirkt wie ein aufgewühltes Meer, und es scheint fast, als sei der Wal aus diesem Himmelsmeer in unsere Welt hineingesprungen. Nun verharrt die Walfischflosse einen Augenblick, und es entsteht eine tolle Spannung. Es ist dieser Kontrast zwischen Bewegung und Stillstand, der durch die unterschiedlichen Farben noch verstärkt wird. Somit hat die Fotografin ihr eigenes kleines Meisterwerk erschaffen.«

Da stehen sie nun am Rathaus, gerade mal zwei
Meter hoch, viel unscheinbarer als der Ruf, der ihnen
vorauseilt. Nein, Bremen war nicht begeistert, als
1953 Gerhard Marcks' Bronzestatue aufgestellt wurde.
Zu modern und noch dazu am falschen Platz, so wurde
geschimpft: Wer sollte die Vier finden, so versteckt am
Westportal? Und dann strecken Esel, Hund, Katze und
Hahn dem Rathaus auch noch ihre Hinterteile entgegen.
Es kam dann wie im Märchen – ein Happy End: Bremen
hat sich irgendwann in seine Stadtmusikanten verliebt

Geh mit uns nach Bremen!

Die Stadtmusikanten im Grimm'schen Märchen sind mit
diesem Rat berühmt geworden. Wer ihm heute folgt,
erlebt eine altehrwürdige Hansestadt, die immer schon wusste:
Die große, weite Welt beginnt gleich hier an der Weser

FOTOS **CHRISTINA KÖRTE, ISABELA PACINI**

AN DER SCHLACHTE

zeigt Bremen seine maritime Seite. Knapp zwei Kilometer kann man hier am alten Hafen an der Weser entlangpromenieren. Und das tun in normalen Zeiten auch bis zu zwei Millionen Menschen jeden Sommer. Cafés und Restaurants säumen das Ufer, sogar in der »Alexander von Humboldt«, die auf Höhe der Martinikirche liegt, kann man essen und übernachten. Das ehemalige Feuerschiff, in den 1980ern zum Segelschulschiff umgebaut, hat über 300 000 Seemeilen auf dem Buckel, zehnmal ist es über den Atlantik gesegelt. Nun liegt es wieder in Bremen fest, wo es 1906 vom Stapel lief

IM SCHNOOR UND AN DER WESER

ist Bremen bei seinen Wurzeln. Das älteste Quartier
der Stadt war im Mittelalter Heimat für Fischer und Händler.
Die kleinen Häuser stehen dicht an dicht wie aufgereiht
an einer Schnur – was dem Schnoorviertel seinen Namen
gab. Zum Weserufer sind es von hier drei Minuten. Zwei
Kilometer weiter, am Fluss entlang Richtung Osten,
liegt das Weserstadion, Heimat des auch in Krisenzeiten
heiß geliebten SV Werder Bremen und Deutschlands
einzige Fußballarena, zu der man per Schiff anreisen kann

DER ROLAND AUF DEM MARKTPLATZ

ist ein zehn Meter hohes Denkmal für einen Ritter Karls des Großen, aber auch so viel mehr: Er ist ein Symbol für die Haltung einer Stadt. Rund um den Adler auf seinem Schild steht geschrieben: »Freiheit verkündige ich euch, die Karl und mancher andere Fürst, fürwahr, dieser Stadt gegeben hat.« Das Bemerkenswerte: Seit 1404 steht die Statue, aber erst 1646 wurde Bremen als Freie Reichsstadt anerkannt – zuvor hatte die Stadt sich die Freiheit selbst genommen. Auch dafür wurden Roland und Rathaus (rechts) 2004 zum UNESCO-Welterbe erklärt

IN DER BÖTTCHERSTRASSE

hat sich ein Kaffeebaron ein Denkmal
gesetzt. Ludwig Roselius, Erfinder des
koffeinfreien Kaffees, wollte ein ganz
besonderes Ensemble schaffen und ließ
Architekten und Bildhauer wie Bernhard
Hoetger ab 1922 expressionistische
Fassaden schaffen. Mittendrin:
das Roselius-Museum mit goldenem
Schriftzug an der Tür. Der Mäzen Roselius
wird heute kritisch gesehen, die
108 Meter lange Straße aber ist eine
Institution, auch dank feiner Geschäfte
wie der Bonbon-Manufaktur in Nr. 8

AN DER KREUZUNG IM VIERTEL

trifft sich das junge Bremen! Gleich zwei Ortsteile, Ostertor und Steintor, verbinden sich rund um die Sielwallkreuzung zum angesagten »Viertel«, das alle anzieht, die gern durch kleine, kreative Läden ziehen, im Café entspannen oder im »Cinema«, dem ältesten Programmkino der Republik, einen Film ansehen wollen. Auch wenn im Frühling 2021 davon kaum etwas möglich war: Das Viertel bleibt bunt

IN DEN WALLANLAGEN

hat die Stadt die Ruhe weg, und das keine
zehn Fußminuten vom Rathaus entfernt. Wo
man heute auf der grünen Wiese sitzen kann,
hielten jahrhundertelang die Wachen entlang
des Stadtgrabens ihre Waffen bereit. Erst 1803
gestaltete man den längst nicht mehr nötigen
Verteidigungswall zum Grüngürtel um. Alle
Umbauten überdauert hat die alte Windmühle,
Korn mahlt sie nur noch bei Vorführungen,
aber trotzdem läuft der Betrieb – als Mühlencafé

Konzentration aufs Wesentliche

In Bremen wirft man mit Gefühlen nicht um sich wie mit Konfetti. Gerade das schätzt die Schriftstellerin **Nora Bossong** an ihrer Heimatstadt. Weil sie weiß: Was spröde und wortkarg wirken mag, kann hier Ausdruck tiefer Zuneigung sein

Es regnet im Prinzip immer. Das ist das Erste, was Sie über Bremen wissen sollten, und dann gibt es noch den Nebel. Ob er aus der Weser steigt, vom Teufelsmoor herüberkriecht oder einfach vom Himmel sinkt, wer könnte das so genau sagen? Erst einmal ist er da, besonders im November, dicht gefolgt von den anderen elf Monaten. Diese beiden Eigenheiten mögen für Außenstehende nicht unmittelbar verlockend klingen, aber das ist ein herber Fehlschluss. Denn erstens sind die Blätter des Rhododendron im Bremer Sommer dank des Dauerregens so saftig grün wie sonst höchstens vor einem englischen Cottage, und zweitens sind die Menschen ein wenig wie das Wetter. Und das ist ein Glück, ein großes.

In Bremen hält man sich bedeckt. Das Herz liegt selten unmittelbar auf der Zunge, denn was sollte es da auch? Es fiele zu leicht aus dem Mund, viel besser ist es im Brustkorb aufgehoben. Da kann es geschützt vor sich hinarbeiten, die Dinge und Menschen aus der Distanz betrachten, und es spuckt ihnen sein Wohlwollen nicht gleich ins Gesicht. Nicht, dass es kein Wohlwollen oder auch Zuneigung empfände, aber mit aufrichtigen Gefühlen muss man in Bremen nicht wie mit Konfetti um sich werfen. Ums Wesentliche macht man kein Gewese, und je spröder die Worte, die eine Zuneigung verkünden, desto ernster steht es um sie. Schweigen ist im Grunde wie ein edler Rahmen, der sie noch wertvoller macht.

Wenn Bremen auf den ersten Blick schon mit Weserrenaissance und Grünspandächern am Markt durchaus pittoresk wirkt und die Sightseeing-Höhepunkte für Schnellreisende glücklich nah am Bahnhof liegen, entfaltet die Stadt ihre ganze Liebenswürdigkeit erst, wenn man die Sprödigkeit zu verstehen lernt. Das heißt abwarten. Kalte Luft genießen. Nicht von der Sonne träumen, sondern den Regen schmerzlich vermissen, hält er sich zu lange fern.

Wer spröde ist, versteht es, ohne großes Brimborium durch die Welt zu gehen. Manchen mag das wie Verzicht erscheinen, Sprödigkeit ist aber das Gegenteil, nämlich die Feier des Wesentlichen. Eine Feier ohne viel Lametta, eher mit einem Bremer Babbler. Das ist eine Zuckerstange, auch Dauerlutscher genannt, und passt gut zum Dauerregen und zur calvinistischen Fähigkeit, sich für eher karge Freuden lange zu begeistern. Haben Sie ausdauernd den Babbler gelutscht, werden Sie »Caramel Fleur

Bremen hält sich gerne bedeckt, die
Menschen genauso wie die Stadt – über
deren Fluss mal wieder der Nebel hängt

de Sel«-Schokolade für unerträglichen Schnickschnack halten, und damit haben Sie sich erfolgreich von allen modischen Einflüsterungen befreit.

Was der Dauerlutscher in der Kulinarik ist, sind die Brücken im Stadtbild. Graue, schlichte Bauwerke, die funktional die eine mit der anderen Weserseite verbinden. Immerhin haben sie meist hübsche Namen, Erdbeerbrücke zum Beispiel, obendrein sind sie hin und wieder gesperrt, und das, was wir nicht erreichen, steigt immer ein bisschen im Wert. Eigentlich ist die Erdbeerbrücke nach Karl Carstens benannt, aber die Erdbeerpflanzung in Habenhausen war den Menschen noch näher als der in Bremen geborene ehemalige Bundespräsident, und so taufte man sie im Sprachgebrauch kurzerhand um. Es zeigt die Liebe der Bremer zu den Kindern ihrer Stadt, die es über Vechta und Verden, über Huchting und Delmenhorst hinausgeschafft haben. Vielleicht ist man stolz auf sie, vielleicht auch nicht. Das Wichtige ist, man prahlt nicht mit ihnen und spricht lieber von denen, die geblieben sind. Von den Erdbeeren zum Beispiel.

Oder auch von Gesche Gottfried. Sie ist die berühmteste Giftmischerin der Stadt und wurde anno 1831 auf dem Marktplatz hingerichtet. Dort, wo ihr Kopf nach der Hinrichtung auf den Boden gefallen ist, setzte man einen Spuckstein. Die eigene Verachtung vor Gesche braucht keine Worte, sondern nur ein wenig Flüssigkeit im Mund. Nun ist man in Bremen natürlich zu zurückhaltend, um gleich mit der Gruselgeschichte herauszurücken, und so wartet man, bis die Besucherin sich vor dem Stein nach dem seltsamen Brauch erkundigt. In Wahrheit dient der Stein nämlich vor allem dazu, die Geschichte einer psychopathischen Mörderin erzählen zu dürfen, denn die Lust am Schauder ist auch lange nach der letzten öffentlichen Exekution geblieben. Unter aller Sprödigkeit knackt sie wie Reisig im Fegefeuer.

Unweit des Spucksteins findet sich das bekannteste Wahrzeichen Bremens, die Stadtmusikanten. Oft findet es sich aber auch nicht, denn die meisten Gäste stellen es sich ob seiner Berühmtheit riesengroß vor und übersehen die kleine Bronzestatue in einem Winkel beim Rathaus. »Zieh lieber mit uns fort, was besseres als der Tod findest du überall«, heißt es im Märchen, und das ist nicht nur einer der traurigsten Sätze der Literatur, sondern auch einer der trotzigsten. Das Schicksal der Knechtschaft nehmen diese Vier jedenfalls nicht hin, und damit bilden sie mehr als nur eine animalische Musikgruppe, nämlich eine der ersten Bürgerrechtsbewegungen Deutschlands. Ist das noch spröde oder schon widerständig?

Damit ist natürlich noch nicht alles über die Wesermetropole gesagt. Moment, gibt es das Wort überhaupt? Weser und Metropole, das schließt sich schon vom Wesen her aus, und das ist auch eine Stärke von Bremen. In Sprödigkeit sind auch die Hamburger gut, aber man garniert den Wesenszug dort mit weltmännischen Gesten, mischt ein wenig Arroganz hinzu, und schon ist, was spröde war, eigentlich ganz süffig. Bremen weiß, dass es auf solche Zutaten verzichten kann, denn die Stadt und ihre Bewohner haben durchaus Stolz. Sie ist schließlich nicht weniger als eine freie und Hansestadt, genießt seit dem 14. Jahrhundert Stadtrecht, wies im 15. Jahrhundert den kirchlichen Einfluss in seine Schranken, und das Bürgertum zeigte sich lange vor den großen Revolutionen selbstbewusst und verschlagen genug, dem Adel eine Bürgerweide abzutrotzen, auf der sie im 19. Jahrhundert den Bürgerpark anlegte.

Lässiges Protzen liegt Bremen nicht. Am Bahnhof sieht die Stadt aus wie ein Stück Berlin-Mitte, das an die falsche Postleitzahl ging

Das ist schon eine Weile her. Vorbei sind auch die Zeiten, in denen die Hamburger Reederei Hapag und der Bremer Lloyd die Welt unter sich aufteilten. Den Bremern liegt es nicht, rühmliche Geschichten um diese Vergangenheit zu ranken, genauso wie sie nicht darin geübt sind, Komplimente zu machen. Oder anders gesagt: Komplimente liegen ihnen durchaus, sie klingen nur anders als in anderen Städten. Es ist wie eine dialektale Schüchternheit, und wenn Sie gelernt haben, diese in Ihre Alltagssprache zu übersetzen, wird Ihnen warm ums Herz, sobald Sie mit einem knappen Nicken in Ihre Richtung die Worte: »Joa, kann man so machen«, vernehmen.

Jedenfalls erinnern sich viele Zugereiste schon gar nicht mehr daran, dass die Norddeutsche Lloyd einst eine große Reederei war, die Bremen zur transatlantischen Vorstadt von New York machte. Das ist schließlich noch deutlich länger her als Werder Bremen in einem Finale stand. Seither ist in puncto Fortbewegung neben einer Niederlassung von Airbus vor allem der Fallturm nennenswert, dort geht es nur in eine Richtung, nämlich rasend schnell abwärts. Die Experimente zur Schwerelosigkeit sind das wissenschaftliche Äquivalent zur finanziellen Lage des Bundeslands. Bremen ist hier Vorreiter in der Ost-West-Annäherung, es überbietet mit seiner Pro-Kopf-Verschuldung jedes andere Bundesland und macht damit die Behauptung hinfällig, im Osten laufe immer alles schlechter als im Westen.

Die übrige Fortbewegung erledigen die Pro-Kopf-überschuldeten Bremer meist stoisch dem Dauerregen ergeben auf dem Rad. Ich habe den Katholizismus immer dem Calvinismus vorgezogen, weil ich den Verdacht hege, dass man sich bei ihm nicht so aufopferungsvoll dem schlechten Wetter hingeben muss. Das mag ein Vorurteil sein, überhaupt könnte es in meiner Heimatstadt doch seltener regnen, als ich es in Erinnerung habe. Sicher aber spielt Wasser eine Rolle. Die Weser zerteilt die Stadt und fügt sie zusammen. Es ist wunderbar, an einem der trockenen, vielleicht sogar sonnigen Tage an der Weserpromenade entlangzuspazieren und das Schreien der Seemöwen zu hören. Von hier aus steht die Welt offen. Das Meer ist fast schon zu riechen.

In Bremen, denke ich jedes Mal, wenn ich am Fluss entlanggehe, verändert sich nichts so schnell. Und ändert sich doch etwas, dauert es lange und gefällt wenigen. Die Post neben dem Bahnhof war ein solches Modernisierungsprojekt Bremer Art, das schon veraltete, ehe es fertig wurde. Dass der benachbarte Geschäftskomplex »City Gate« sich wider aller Erwartung tatsächlich aus den Bauplanen herausgepuppt hat, übersehe ich jedes Mal geflissentlich, auch wenn er schon durch seine Größe alles daran setzt, nicht übersehen zu werden. Er wirkt wie ein Stück Berlin-Mitte, das an die falsche Postleitzahl geliefert wurde: zu lässig geprotzt.

Bremen, das ist eher die kleine Teestube im Schnoor, die mit jedem Jahr noch puppenstubenhafter wirkt. Oder das Teufelsmoor, in dem nichts ist, aber alles versinkt. Es ist der protestantisch karge Dom. Tradition hat in Bremen viele Gesichter, aber klar ist: Alles bleibt, wie es ist, und was verschwindet, wird umso fester hinter verschlossenen Lippen bewahrt. Der Tante-Emma-Laden meiner Kindheit etwa, in dem die Spielzeugpackungen mit herzergreifender Geduld vor sich hin gilbten. Obwohl längst durch eine Reinigung ersetzt, wird er für mich immer an der Straßenecke liegen, die den Geschmack von Brausepulver und den Geruch von Panini-Bildern hat.

Dieser Laden hütete das Geheimnis des Spröden. Es offenbart sich nicht gleich, scheint mit seinen Reizen zu sparen, dabei lässt es sie nur in aller Ruhe reifen. Auch Sie werden Geduld brauchen, vielleicht ein paar Jahre, bis Sie von einer Bremerin zum Tee bei ihr zu Hause eingeladen werden, dafür wird sie Ihnen danach auf eine verschlossene, vielleicht versteckte Art die Treue halten. Kandis heißt übrigens Kluntjes, und man trinkt den Tee eher mit Milch als mit Zitrone. Aber das werden Sie bis dahin gelernt haben, denn, wie gesagt, Sie haben ja eine Weile auf die Einladung gewartet.

EIN HAUS MIT STARKEM CHARAKTER

Bremens Kunsthalle hat eine Sammlung von
Weltrang, die tief in der Stadt und ihrem Bürgertum
verwurzelt ist – und mit seltener Leichtigkeit präsentiert
wird. Ihr **Direktor Christoph Grunenberg** führt
von Albrecht Dürer bis James Turrell und erzählt dabei
ebenso wahre wie filmreife Geschichten

TEXT **TINKA DIPPEL** FOTOS **ISABELA PACINI**

Eine maßgeschneiderte Licht-Installation und Gesichter der Weser-Stadt: James Turrell schuf »Above – Between – Below«, Direktor Christoph Grunenberg steht mittendrin. An einer Wand im Raum »Bremen und die Welt« sind Gemälde mit Bremen-Bezug collagenartig zusammengestellt

BILDER
VOM
MENSCHEN

»Bilder vom Menschen« heißt
der Raum, der ein Kunstwerk
für sich ist. 35 Skulpturen aus
mehr als vier Jahrhunderten
sind hier schlicht und einfach
der Größe nach arrangiert

S impler könnte man sie kaum arrangieren, wie die Orgelpfeifen stehen sie da, 35 Skulpturen aus mehr als vier Jahrhunderten, 35 ganz unterschiedliche Darstellungen von Menschen. Aufgestellt sind sie nach einem Kriterium, das sich jedem sofort erschließt: ihrer Höhe. Die ganz kleinen, nur ellenlangen, stehen vorne, die lebensgroßen hinten.

»Das war meine Idee«, sagt Christoph Grunenberg, der Direktor der Kunsthalle Bremen. Als er und sein Team die Dramaturgie des Hauses jüngst neu gedacht haben, seien auch die Skulpturen in der Großen Galerie neu anzuordnen gewesen. »Und irgendwann haben wir beschlossen, sie ganz banal nach Größe zu arrangieren.« Durch Sockel, die nach hinten niedriger werden, stehen sie aber alle auf Augenhöhe mit dem Betrachter.

Man muss die Dinge nicht unnötig verkomplizieren, das ruft einem dieses Haus schon durch seine äußere Gestalt entgegen. Ein breiter Mittelbau, der mehr als 170 Jahre alte klassizistische Kern aus Sandstein, wird flankiert von zwei fast spiegelbildlichen Anbauten mit Fassaden aus Sicht-

beton und Fensterbändern. Historie trifft ohne große Umschweife auf Gegenwart. »Es ist ein Museum mit sehr menschlichen Proportionen«, meint Grunenberg.

Der 58-jährige Kunsthistoriker, der in Washington, Basel, Boston und London gearbeitet und zehn Jahre lang die Tate in Liverpool geleitet hatte, wurde 2011 Direktor dieses Museums. Da war der Um- und Neubau gerade abgeschlossen: ein schlüsselfertiges Haus mit rund 4500 Quadratmetern Ausstellungsfläche, mit einer Sammlung, die vom 14. Jahrhundert bis heute die europäische Kunstgeschichte – teils auch die internationale – in nahezu allen Facetten und Medien abdeckt, mit einer Historie, die voller Brüche, Anekdoten und starker Charaktere ist. Und eng verbunden mit der Stadt Bremen.

Die Sammlungsschau eröffnete im Sommer 2020 unter dem Titel »Remix« neu. »Wir haben einmal kräftig durchgerührt und gemischt«, sagt Grunenberg. »Remix kommt ja aus der Musik, da geht es darum, existierende Elemente neu zusammenzusetzen, einen neuen Rhythmus zu schaffen.«

Der Direktor vor den Ikonen des Hauses und der Stadt: Die Bremer Stadtmusikanten aus Präparaten und Skeletten schuf der italienische Künstler Maurizio Cattelan

6 Stühle, 24 Lampen,
36 Lautsprecher, 36 CDs:
Die Rauminstallation des
Amerikaners John Cage
inszeniert den Essay »Über
die Pflicht zum Ungehor-
sam gegen den Staat« von
Henry David Thoreau

KRÄFTIGE FARBEN UND STARKE STATEMENTS: JEDER RAUM ZEIGT EINE ANDERE FACETTE DER KUNST

Dafür haben sie einige Werke aus dem Depot geholt, die noch nie oder lange nicht mehr zu sehen waren, und anderen einen neuen Auftritt gegeben.

Der zentrale Raum heißt jetzt »Bremen und die Welt«, ist in Dunkelblau gestrichen und lenkt alle Aufmerksamkeit auf ein strahlend gelbes Podest, auf dem jene vier altersschwachen Tiere stehen, die streng genommen nie bis Bremen kamen und es als »Bremer Stadtmusikanten« doch zu Weltruhm gebracht haben. Der italienische Künstler Maurizio Cattelan stellt die Pyramide aus Esel, Hund, Katze und Hahn in zwei Varianten gegenüber, einmal aus Tierpräparaten und einmal aus Skeletten. Die Geschichte der Stadtmusikanten behandle viele relevante Themen, meint Grunenberg, etwa Alter, Migration, Solidarität. 1819 wurde sie in der zweiten Auflage der Kinder- und Hausmärchen der Brüder Grimm erstmals veröffentlicht. Rund vier Jahre später beginnt die Geschichte dieses Hauses mit der Gründung des Kunstvereins in Bremen.

Es gibt wenige Kunstvereine in Deutschland, die älter sind. Und nur wenige Institutionen in Bremen. Die Bremer Sparkasse ist zwei Jahre jünger, die Stadt Bremerhaven vier Jahre. Was diesen Verein sehr besonders macht, ist aber nicht nur sein Alter, sondern vor allem seine Lebendigkeit. Begonnen hat er 1823 mit 34 wohlhabenden und Kunst liebenden Bremer Bürgern, heute hat er mehr als 10000 Mitglieder. Und er ist bis heute Träger des Museums, das seit 1849 an prominenter Stelle an den Wallanlagen zu Hause ist.

Die rechte Wand des Bremen-Raums ist eine Auseinandersetzung mit der Hansestadt. Da hängen in unterschiedlichen Rahmen Gemälde mit Bremen-Bezug. Zu sehen ist aber auch der Hafen von New York, 1930 gemalt vom Bremer Künstler Willy Menz. »Die Idee hier ist, dass alle Geschichte, auch die lokale, in internationalen Verflechtungen steht – vor allem in einer Handelsstadt wie Bremen«, sagt Grunenberg. Und dann blickt er in das strenge Gesicht des Ur-Direktors der Kunsthalle, Gustav Pauli. Der war von 1899 bis 1914 der erste wissenschaftliche Direktor, »vorher war das eher amateurhaft gelöst«. Paulis Porträt wird hier neben denen ehemaliger Bürgermeister und Reeder präsentiert. Er hat dieses Haus stark geprägt, Grunenberg meint, er habe die Moderne in des Museum geholt.

Und nicht nur die Moderne hat Pauli nach Bremen gebracht, auch die Auseinandersetzung mit ihr. Ein paar Räume weiter hängt ein van Gogh, das »Mohnfeld« von 1889. Es ist ein Landschaftsbild, bei dem Vincent van Gogh gewohnt dick aufgetragen hat, vor allem in den Komplementärfarben Grün und Rot. Der Ankauf des Gemäldes

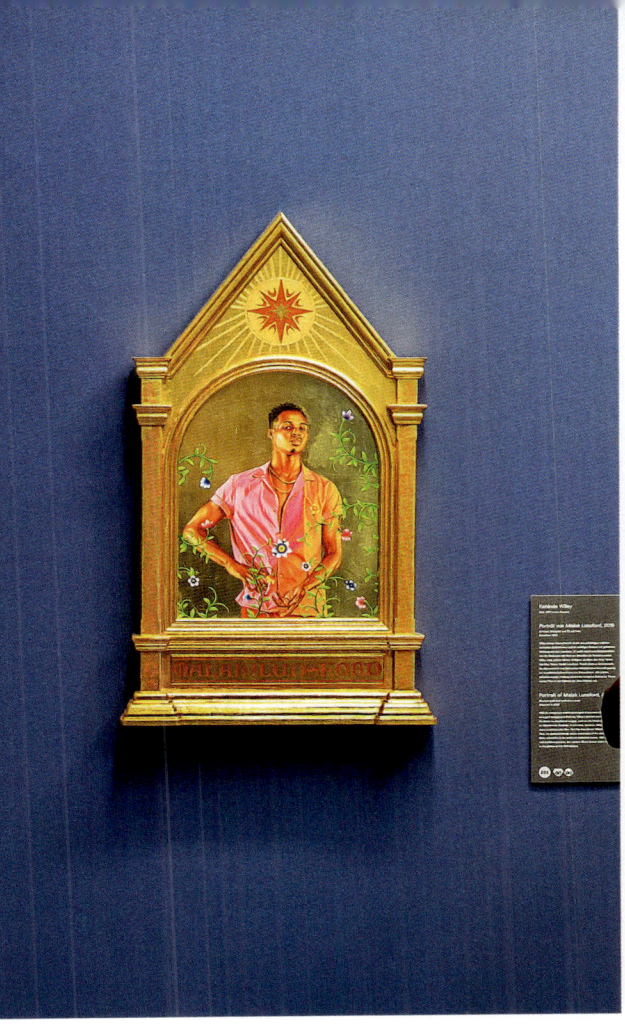

im Jahr 1911 für 30000 Mark löste heftige Reaktionen aus, schon vier Jahre zuvor, als Pauli »Camille« ins Haus geholt hatte, ein Frühwerk Claude Monets, war ihm vorgeworfen worden, zu viel in ausländische Kunst zu investieren. »Es gab in den Feuilletons in Deutschland einen wirklich heftigen Streit, die Größen der Kunstwelt und der kulturellen Elite diskutierten«, sagt Grunenberg. »Im Endeffekt aber blieb das Werk hier im Haus, und Pauli blieb Direktor. Es war ein strategischer und sehr kluger Ankauf.« »Camille« und das »Mohnfeld« sind bis heute Schlüsselwerke in der Kunsthalle.

Zwischen Gustav Pauli und Christoph Grunenberg hat es in 97 Jahren nur vier Direktoren gegeben. Einer blieb mehr als 30 Jahre, einer 40, Grunenbergs Vorgänger Wulf Herzogenrath 17. »Bei mir sind es bald zehn Jahre«, sagt der Direktor. Und nun stehe mit dem 200. Geburtstag des Kunstvereins im übernächsten Jahr ein besonderes Jubiläum an. »Man wird hier nicht müde. Es ist schon ein ganz eigenes Haus, mit einem eigenen Charakter, einer eigenen Tradition. Mit vielen Freiheiten. Es macht Spaß, dass man hier zum Beispiel mit einer Neuhängung immer neue Aspekte finden kann.«

Die neue Hängung ist eine farbenfrohe Reise durch die Kunst- und Sammlungsgeschichte und wieder denkbar simpel aufgebaut, nämlich schlicht chronologisch. Wobei das eine Chronologie mit vielen unterhaltsamen Elementen und Gegenwartsbezügen ist, »Störfaktoren« nennt Grunenberg sie.

Einer davon ist das goldgerahmte Bildnis des Hip-Hop-Tänzers Malak Lunsford, ein Werk des Amerikaners Kehinde Wiley aus dem Jahr 2019, das im Raum der Heiligenbilder mit Dürers »Johannes der Täufer« (um 1505) und der »Quellnymphe« von Lucas Cranach dem Älteren (nach 1531) hängt. Ein anderer ist »Cui Bono«, eine Installation des britischen Künstlers Hew Locke, die zwischen niederländischen Marine-Gemälden des 17. Jahrhunderts alle Aufmerksamkeit auf sich zieht. Es ist ein etwa vier Meter langes Schiffsmodell aus unterschiedlichen Materialien, an dessen Rumpf man gefolterte Sklaven erkennen kann, entstanden 2017 für die Ausstellung »Der blinde Fleck. Bremen und die Kunst in der Kolonialzeit«.

Die schlichte Chronologie, garniert mit diesen immer wieder aus ihr ausbrechenden thematischen Bezügen, die Einbeziehung von Hintergrundgeschichten und architektonischen Besonderheiten – etwa dadurch, dass die einstige Außenmauer des Altbaus an einigen Stellen sichtbar ist – lassen die Besucher Haus und Kunst auf viele Arten erleben. Man muss hier nur offene Augen mitbringen, um viel mitzunehmen. Neben der Dauerausstellung

Altbau trifft Erweiterungsbau: Die Schnittstelle ist außen wie innen gut sichtbar, Christoph Grunenberg hat die einstige Außenmauer sogar inszeniert – mit einer Stellage, an der Werke von Max Slevogt und Lovis Corinth angebracht sind

SANDSTEIN UND SICHT-BETON, ALTE MEISTER UND JUNGE KREATIVE VERSTEHEN SICH HIER BESTENS

zeigt die Kunsthalle im Erdgeschoss des westlichen und östlichen Erweiterungsbaus auf ein Thema, eine Kunstrichtung oder einen Künstler fokussierte Sonderschauen. Grunenberg tut viel, um mehr jüngere Besucher ins Haus zu holen. »What is love?« hieß einer der Kunsthallen-Blockbuster der letzten Jahre. Untertitel: »Von Amor bis Tinder.« Nicht jedem Kritiker gefielen das Abzielen auf die Generation Online-Dating und das Farbkonzept mit viel Pink. Die Besucherzahlen aber waren hoch.

Seit »Remix« ist das Farbkonzept des ganzen Hauses nicht gerade zurückhaltend. In manchen Räumen muss sich das Auge erstmal an die Farbe der Wände gewöhnen, bevor es in die Kunst eintauchen kann. Wer eine verkopfte Erklärung dafür erwartet, bekommt auch da von Grunenberg eine ganz einfache: »Ich experimentiere sehr gerne, probiere viel aus – auch mal Farben, die sehr stark und intensiv sind, aber in einem interessanten Austausch mit den Kunstwerken stehen. Das Gelb im Max-Beckmann-Raum zum Beispiel, das kommt aus seinem ›Apachentanz‹ und soll eine entsprechende Rhythmik und Dynamik schaffen.«

Sie schöpfen hier aus dem Vollen, zeigen, was sie haben, ohne die Räume zu überfrachten. Und doch ist dies ein Haus mit dicken Narben und eine Sammlung mit schmerzlichen Lücken. An der

Sandsteinfassade sind heute noch Einschusslöcher aus dem Zweiten Weltkrieg zu sehen, das Haus wurde bei Angriffen auf Bremen schwer getroffen. Die Sammlung brachte man in vermeintliche Sicherheit an vier Orte außerhalb Bremens. Auf Schloss Karnzow in Brandenburg wurde das Versteck von sowjetischen Truppen entdeckt, Tausende Zeichnungen, Druckgrafiken und Gemälde verschwanden. »Das ist eine Geschichte, die uns noch lange beschäftigen wird«, sagt Grunenberg. »Es gibt immer wieder Werke, die zurückkommen, aus der ganzen Welt.«

Der sowjetische Hauptmann Viktor Baldin hatte nach Kriegsende Hunderte in seinen Koffer gepackt, darunter die Zeichnung »Sternennacht« von van Gogh und diverse Dürer-Aquarelle. Jahre später machte er sich für eine Rückgabe der Werke stark. »Frau Baldin lebt immer noch«, sagt Grunenberg, »sie ist früher jeden Sommer hier vorbeigekommen und hat an die russischen Präsidenten geschrieben, dass die Werke doch nun endlich zurückgegeben werden sollten. Es gab 2002 eine Vereinbarung, die dann am Ende wegen politischer Proteste durchgefallen ist.«

Ein anderer Schatz hat einen noch filmreiferen Weg genommen: Dürers »Frauenbad« von 1496. Die Zeichnung nackter Frauen beim Bad tauchte in den

1990er Jahren in Aserbaidschan auf, wurde später Sotheby's in New York angeboten und verschwand wieder, bevor die Polizei zugreifen konnte. Ein Anbieter aus Japan bot die Zeichnung gemeinsam mit einem russischen Partner dann auch dem Kunstverein in Bremen an. 1997 stellte der amerikanische Zoll sie sicher und brachte sie in seinen Hauptsitz, der sich im World Trade Center befand. »Wenige Wochen vor den Anschlägen auf das World Trade Center war die feierliche Übergabe«, erzählt Grunenberg. Das »Frauenbad« lagert jetzt sicher im Kupferstichkabinett, einst das Herzstück, nach wie vor ein zentrales Element der Sammlung.

So schmerzhaft die Lücken sind, so groß ist die Freude über die Neuzugänge, die das Haus immer wieder bereichern. Grunenbergs Vorgänger holte zur Wiedereröffnung 2011 eine permanente Installation des Lichtkünstlers James Turrell ins Haus. »Above – Between – Below« zieht sich vom Erdgeschoss über drei Etagen bis zum Dach. Turrell hat in die Zwischendecken und -böden ovale Fenster eingelassen, die farbig beleuchtet sind, wobei sich der Farbverlauf ständig ändert. Ganz unten liegt eine ovale Steinplatte, in der LED-Lämpchen jenen Sternenhimmel darstellen, den man gesehen hätte, hätte man sich am 23. Juni 1961 um 12 Uhr von hier durch den Erdball gegraben. Das Datum markiert die Wiedereröffnung der Kunsthalle 16 Jahre nach Kriegsende. Bei gutem Wetter öffnet sich in der Dämmerung die Dachluke, dann korrespondiert die historische Sternenkonstellation mit dem aktuellen Himmelsgeschehen über Bremen.

Christoph Grunenberg konnte mit diesem auf den Ort zugeschnittenen Werk seine Direktorenzeit beginnen und hat seitdem auch viele eigene Akzente im Museum gesetzt. Zum Abschluss führt er nochmal in die Eingangshalle, die ein Kunstwerk für sich ist, seit sich die Künstlerin Sarah Morris an ihren Wänden ausgetobt hat. »Jardim Botânico (Rio)« nennt sie die abstrakte, farbenfrohe Komposition, die wie Turrells Werk auf das Haus zugeschnitten ist. »Das war nur für eine Ausstellung gedacht«, sagt Grunenberg. »Aber am Ende ist es ein Sinnbild für das Haus geworden, es ist ein Statement, das die Besucher willkommen heißt – sehr farbenfroh, sehr jung.«

So einfach die Erklärung, so passend zu diesem Bürgerhaus für die Kunst.
Am Wall 207, kunsthalle-bremen.de

Tinka Dippel *hat ihren nächsten Besuch in der Kunsthalle schon im Blick: Die kommende Ausstellung über Goya und Manet möchte sie nicht verpassen.*

Ein 108 Meter langes Meisterstück

Expressionistische Backsteinfassaden und feine Geschäfte: Die denkmalgeschützte **Böttcherstraße** gehört zu den großen Attraktionen der Altstadt

Sie gilt als Bremens heimliche Hauptstraße, auch wenn sie nur gut hundert Meter lang ist. Eine der ungewöhnlichsten Straßen ist die Böttcherstraße in jedem Fall: ein denkmalgeschütztes Backsteinensemble mitten in der Altstadt, hinter dessen zum Teil expressionistischen Fassaden Museen, Werkstätten und feine Geschäfte zu Hause sind. Geschaffen hat es der Kunstliebhaber Ludwig Roselius, der es als Erfinder der koffeinfreien Kaffeemarke HAG zu Vermögen brachte. Von 1922 bis 1931 ließ er den Straßenzug von einem Team aus Architekten, darunter der Bildhauer Bernhard Hoetger, nach seinen Vorstellungen von einer »wahren deutschen Straße« umbauen. Roselius war Nationalsozialist der ersten Stunde. Seine Häuser, die Expressionismus und Germanenideologie verbanden, wurden aber letztlich sogar von Hitler selbst als »Böttcherstraßen-Kultur« abgetan, heute wird Roselius' nationalsozialistische Gesinnung weder verheimlicht noch ausführlich diskutiert. Nach dem Krieg mühevoll wieder-aufgebaut, ist die Böttcherstraße heute wieder eine der schillerndsten Straßen der Stadt. Zu den Highlights gehören das 1928 von dem Geschäftsmann ins Leben gerufene Roselius-Haus (Hausnr. 6), in dem seine Sammlung niederdeutscher Wohnkultur vom Mittelalter bis zum Barock gezeigt wird, sowie das Haus des Glockenspiels (Nr. 4). Wenn dort die Porzellanglocken läuten und die als »Ozeanbezwinger« bekannten Holztafeln rotieren, sammelt sich immer eine kleine Traube auf der Straße. boettcherstrasse.de

Nicht nur die Stadtmusikanten, sondern auch die »Liegende Ägina« (li.) schuf der Bildhauer Gerhard Marcks. Er nannte sie eine »große Bremerin«. Auch ein großer Bremer: der Designer Wilhelm Wagenfeld (unten)

Schatz im Strom

In den vier Speicherhäusern auf dem Stadtwerder, einer Halbinsel in der Weser, wurden lange Kaffeebohnen geröstet, seit 1991 ist hier die **Weserburg** zu Hause. Das Museum für moderne Kunst zeigt neben der Sammlungspräsentation auch Einzel- und Gruppenausstellungen, Schwerpunkte liegen auf dem Nouveau Réalisme und dem Fluxus.

Teerhof 20, weserburg.de

———

Kleine Talentschmiede

Im selben Komplex wie die Weserburg befindet sich die **Gesellschaft für Aktuelle Kunst**, kurz GAK, einer der führenden deutschen Kunstvereine. Deren Ausstellungen zeigen seit 1980 immer wieder zeitgenössische Künstler, bevor sie berühmt werden – wie jüngst Mattia Denisse.

Teerhof 21, gak-bremen.de

Beste Nachbarn: zwei Häuser für Design und Bildhauerei im Torhaus

Schön praktisch!

»Brauchbar sein, heißt zugleich, schön sein«, fand Wilhelm Wagenfeld, »denn alles Brauchen muss schön sein, anders erfüllen die Dinge nicht ihren Sinn.« Die Unzertrennlichkeit von Funktionalität und Ästhetik war der Leitsatz des 1900 in Bremen geborenen Designers, der sich lieber anders nannte: »künstlerischer Mitarbeiter in der Industrie«. Den Nachlass des 1990 verstorbenen Pioniers, der als Bauhaus-Schüler begann und dessen Hunderte Entwürfe – vom Glasgeschirr bis zum Tintenfass – den Alltag der Deutschen prägten, verwaltet heute eine eigene Stiftung. Sie zeigt seine Werke im Wilhelm Wagenfeld Haus, dem früheren Gefängnishaus des klassizistischen Torhausensembles, setzt sie immer wieder zu neuen Sonderausstellungen zusammen, etwa über seine ikonischen Leuchten, dazu gibt es wechselnde Schauen zu Themen wie Plakaten, Logos oder Graphic Novels. Eine Dauerausstellung hat das Haus nicht, dafür aber einen Shop, in dem man einige der noch immer produzierten Design-Klassiker erwerben kann.

Am Wall 209, wilhelm-wagenfeld-stiftung.de

Der Macher der Stadtmusikanten

Gleich gegenüber vom Wilhelm Wagenfeld Haus – in der ebenfalls zum Torhausensemble gehörenden ehemaligen Ostertorwache – liegt das Gerhard-Marcks-Haus, das moderner und zeitgenössischer Bildhauerei gewidmet ist. Entstanden ist es aus dem Lebenswerk des großen Marcks, der weder aus Bremen stammte noch je hier lebte, für die Stadt aber 1953 die anfangs harsch kritisierte, heute heiß geliebte Skulptur der Bremer Stadtmusikanten am Rathaus entwarf, weswegen ihm zu Ehren an der Weser eine Stiftung gegründet wurde. In deren Sammlung befinden sich heute rund 400 Skulpturen, 12000 Zeichnungen und 1200 Blätter an Druckgrafiken des 1889 in Berlin geborenen Künstlers, der bevorzugt mit Bronze arbeitete und zu den wichtigsten figürlichen deutschen Bildhauern des 20. Jahrhundert zählte. Neben Ausstellungen seines Schaffens gibt es immer wieder Schauen anderer Meister wie Giacometti oder Moore, aber auch die Werke junger Künstler, die dem Medium der Bildhauerei neues Leben einhauchen, werden inszeniert.

Am Wall 208, marcks.de

Die braut sich was zusammen: Um gutes Bier zu machen, brauche es »eine Mischung aus Mathematik und Gefühl«, sagt Doreen Gaumann von der Union Brauerei

Die köstliche Liebe
zum Handwerk

Sie zeigen, dass in Bremen seit jeher ebenso gern genossen
wie gehandelt wird: Zu Besuch bei vier Menschen, die von Hand
aus besten Rohstoffen delikate Dinge machen

TEXT **JONAS MORGENTHALER** FOTOS **CHRISTINA KÖRTE, ISABELA PACINI**

Bau- und Braukunst: Die Gebäude der Union Brauerei sind gut erhalten. Der ursprüngliche Betrieb machte vor gut 50 Jahren dicht. Jetzt aber wird hier wieder gebraut

DOREEN GAUMANN, BRAUMEISTERIN

Mit viel Hopfen und Herzblut

Durch die großzügigen Rundbogenfenster fällt Tageslicht ins Sudhaus der Union Brauerei und lässt die Edelstahlbottiche glänzen. Ein aromatischer Duft erfüllt den Raum: Die Würze, für die geschrotetes Malz mit Wasser vermischt und gefiltert wurde, kocht gerade mit Hopfenpellets in einem der Bottiche. »Der Geruch stammt von den aromatischen Ölen im Hopfen, die sind bei Hitze sehr flüchtig«, sagt Braumeisterin Doreen Gaumann, die an einem großen Display steht, mit dem sie alle Brauprozesse steuern kann. »Es duftet also super, aber diese Aromen haben wir dann auch nicht mehr vollständig im Bier.«

Die Union Brauerei befindet sich in Osterfeuerberg, einem hübschen Ortsteil von Bremen-Walle, eingekeilt zwischen Schnellstraße und Bahngleisen. Wer zufällig vorbeiläuft, vermutet darin kaum eine 30 Jahre junge Braumeisterin in schwarzen Jeans und schwarzem Hoodie, die mit einer topmodernen Anlage Craft-Beer braut. Die um 1907 errichteten Backsteingebäude sind bestens erhaltene Braugeschichte, ein Industriedenkmal mit Remise und Maschinenhaus, Scheingiebel und aufwendig verzierter Fassade. Darin startete die »Freie Brau Union Bremen« erfolgreich als ein Gemeinschaftsprojekt mehrerer Gastwirte. Doch es erging ihr wie vielen anderen kleinen Brauereien: Sie wurde von einem Braukonzern gekauft und 1968 geschlossen. Erst vor wenigen Jahren investierte der Architekt Lüder Kastens in das Areal und erweckte 2015 zusammen mit seinem Geschäftspartner Markus Zeller auch die Brauerei zu neuem Leben.

Die neue Union Brauerei hat ein 20-Hektoliter-Sudhaus, die Anlage ist damit zehnmal kleiner als die alte. So blieb im Haus viel Platz für ein Braugasthaus, aber etwa auch für eine Kaffee-rösterei und ein Kriminaltheater. So vielfältig wie die Mieter sind auch die naturtrüben Biere, die Doreen Gaumann mit ihrem kleinen Team und dem Brauingenieur Carsten Eger macht. Liebend gerne würde sie durch die Rezepte im Sudbuch der alten Brauerei blättern, doch es ist unauffindbar. Macht nichts: »Wir schreiben die Geschichte der Brauerei eben weiter – und ergänzen sie mit schönen, neuen, fancy Sachen«, sagt sie. Für die experimentiert Doreen Gaumann auf einer 200-Liter-Anlage mit Malz aus Bremen und Bamberg, mit edlen Hopfensorten aus der Hallertau oder aus den USA. Die Braumeisterin gibt sie beim sogenannten Hopfenstopfen einige Stunden zum kalten, vergorenen Bier. Je nach Sorte erhält es so Aromen, die mal an rote Beeren erinnern, mal an Ananas oder gar an Gletscherbonbons.

Bierbrauen war für Doreen Gaumann nicht immer Berufung: Sie wollte was mit Lebensmitteln machen – und bei Beck's gab es Lehrstellen. Erst als sie während der Meisterschule bei München neben Schülern saß, die später in fünfter oder sechster Generation eine Brauerei übernehmen sollten, erkannte sie im Bierbrauen ein echtes Handwerk – und war angefixt. Als sie dann erfuhr, dass in ihrer Heimatstadt Bremen eine neue Brauerei eröffnen wird, schickte sie eine Bewerbung und bekam die Zusage. Besonders stolz ist sie auf das Saisonbier, das sie letztes Jahr kreiert hat: ein Altbier aus sieben verschiedenen Malzsorten. Doreen Gaumann machte es so, wie es für sie perfekt war: unverwässert, unangepasst. »Das war schon kantig«, sagt sie. Das passt ganz gut zu ihr: Als Frau sorgt sie in der bärtigen Bierszene sowieso unweigerlich für Aufsehen. Ihr Altbier wurde kritisiert, es wurde gelobt – und am Schluss war es ausverkauft.

UNION BRAUEREI

Zum ständigen Sortiment gehören rund ein Dutzend Biere. Es wird durch saisonale Sorten und Spezialbiere ergänzt. Im Normalbetrieb lässt sich das Angebot bestens im Union-Braugasthaus bei regionaler Küche genießen. Auch Führungen finden statt, und wer will, kann an bestimmten Tagen sein eigenes Bier brauen.
Theodorstr. 13
brauerei-bremen.de

An der Wand hängt ein Foto des elterlichen Betriebs, doch Joona Hellweg konnte ihn nicht übernehmen. In seiner »Brotbude« backt er nun fast nur Brot und Brötchen, zum Beispiel knuffige »Bauernlümmel« (rechts)

JOONA HELLWEG, BÄCKER

Ein Meister der krossen Kruste

JOONA'S BROTBUDE

Die Bäckerei von Joona Hellweg öffnet um 7 Uhr und macht unter der Woche um 14 Uhr, am Samstag sogar um 12.30 Uhr zu. Am Sonntag und Montag ist geschlossen, damit die Angestellten auch mal zwei Tage am Stück freihaben. Auf der Website informiert ein Backplan über das Tagesangebot.
Friedrich-Humbert-Str. 120, brotbude.de

Es ist kurz nach sechs Uhr, und in der »Brotbude« herrscht Hochbetrieb. Die Regale sind mit Brotlaiben schon gut gefüllt, ein Bäckergeselle sorgt für Nachschub aus zwei glühenden Öfen. 280 Grad Celsius sind sie heiß, damit die Krusten der Brötchen und Brote schön kräftig werden. Etwas weiter werden an einem großen, bemehlten Holztisch gerade Brötchen gefertigt. Starke Arme drücken große Teigballen platt, mit einer unverwüstlichen Brötchenpresse, deren Technik und Design aus den 1950er Jahren stammt, werden sie in 30 Stück zerteilt, flinke Finger wenden sie danach in Dinkelschrot. Die fertigen Teiglinge kommen zum Gehen noch einmal fast einen Tag lang in den Kühlraum, der die Temperatur nach einer optimalen Gärkurve selbst regelt. Es ist das einzige Hightech-Gerät im Raum. Morgen werden sie dann zu dieser Zeit gebacken, ab sieben Uhr verkauft – frischer geht's kaum.

»Backen bedeutet immer, dem Teig viel Zeit zu geben«, sagt Joona Hellweg, der die »Brotbude« Ende 2018 in Bremen-Nord eröffnet hat. Es könne durchaus mal 40 Stunden dauern, bis ein Sauerteigbrot fertig sei. »Überhaupt ist Backen vor allem Zeit und Liebe. Im Prinzip bereiten wir den Teig nur vor, den Rest macht die Hefe.« Joona Hellweg ist 26 Jahre alt, er gehört zu einer jungen Generation, die einen neuen Zugang zu ihrem Handwerk gefunden haben. Zwar ist er Bäcker in fünfter Generation und nur 100 Meter weiter über der elterlichen Backstube aufgewachsen. Der Sohn wollte den Traditionsbetrieb mit mehreren Filialen auch übernehmen – doch vor knapp vier Jahren musste der Vater Insolvenz anmelden. Das mittelgroße Unternehmen konnte sich gegen die Konkurrenz durch Großbäckereien und Supermärkte nicht mehr

behaupten. Also nahm Joona Hellweg etwas Sauerteig aus der Backstube mit und fing ganz klein von vorne an. Er beschränkte sich auf wenig Startkapital, kaufte seine hochwertigen Öfen zum Beispiel gebraucht. Beim Preiskampf macht er nicht mit, lieber überzeugt er mit Qualität: »Wir lassen das Sortiment klein und straff, machen dafür aber richtig gute Ware«, sagt er. Es gibt keinen Kuchen, keine Teilchen, keinen Kaffee, keine Schnittbrötchen, kein Frühstück, sondern einfach Brot und Brötchen, jeweils etwa 10 Sorten. »Du kannst in einer kleinen Bäckerei keine gute Qualität abliefern, wenn du 100 verschiedene Artikel am Tag machst«, sagt er.

Joona Hellweg arbeitet ohne Backmischungen und Zusatzstoffe. Auch sonst hat er nichts zu verbergen, im Gegenteil: Seine Bäckerei ist im Prinzip eine Backstube mit vier Kassen, vom Verkaufstresen zum Backofen sind es nur wenige Meter. Er will zeigen, was es heißt, gutes Brot zu backen, wie viel Zeit und Handarbeit dahinter stecken. Von Anfang an hat er mit diesem Konzept großen Erfolg gehabt. Regelmäßig bilden sich lange Schlangen vor dem kleinen Betrieb.

Kein Wunder: Die Brote und Brötchen von »Joona's Brotbude« schmecken fantastisch, egal, ob kleines Dinkelchen oder drei Kilo schwerer Dicker Batzi. Viele Kundinnen und Kunden schätzen sicher auch den freundlichen Umgang: Joona Hellweg kennt viele persönlich, und er backt und knetet selbstverständlich auch selbst mit. Inzwischen kommt der Chef unter der Woche allerdings meistens erst als Letzter in der Backstube, was nur bedeutet, dass er statt um drei erst um fünf Uhr anfängt. Für Joona Hellweg ist das eine Wohltat. Er liebt sein Handwerk – aber er steht bis heute nur äußerst ungern früh auf.

Das Baguette heißt bei Joona Hellweg
»Karl Heinz« und wird nach 36 Stunden
Teigruhe von Hand geformt. Die Backstube
seiner »Brotbude« ist offen, vom Ofen
werden die Brote auf Regalen direkt zum
Verkaufstresen gerollt

Noch sind die Arabica-Bohnen grün, auf denen Christian Ritschel von Lloyd Caffee sitzt. Bald aber werden sie im Röster so lange erhitzt, bis sie schön dunkel sind – so wie es der Röstmeister am liebsten mag

Wenn die Bohnen in der heißen Trommel sind, kann Christian Ritschel mit dem Probenzieher (rechts) eine Handvoll entnehmen, um den Röstgrad zu prüfen. Sobald der stimmt, öffnet er die Klappe und lässt die Bohnen in ein großes Kühlsieb rutschen (links)

CHRISTIAN RITSCHEL, RÖSTMEISTER

Quereinsteiger mit Geschmack

In der Weser ankern Frachter, Lastwagen holpern zwischen Industriegebäuden durch, Kräne und Containerstapel ragen in die Höhe: Es herrscht Betrieb im Holz- und Fabrikenhafen der Überseestadt. Fischmehl wird hier umgeschlagen, Kaffee, Getreide, Kakao. Und mittendrin duftet es köstlich nach frisch gerösteten Kaffeebohnen. Denn seit 2009 befindet sich hier auch die Top-Rösterei Lloyd Caffee. Sie besetzt eine kleine Ecke der riesigen Fabrikanlage, mit der Ludwig Roselius Markengeschichte geschrieben hat: In dem Werk ließ der Kaufmann ab 1907 den koffeinfreien Kaffee HAG herstellen. Auch Lloyd Caffee kommt aus Bremen. 1930 gegründet, fand die Rösterei nur knapp den Weg in die Gegenwart: Der Eigentümer starb in den 1980er Jahren, der Nachfolger wollte 2001 nicht mehr weitermachen, am Schluss übernahm ein Hamburger Rohkaffeehändler die Marke. Doch später gelang Lloyd Caffee ein Neustart in Bremen, zuerst als Untermieter in einer anderen Rösterei, dann im längst stillgelegten HAG-Werk, das momentan größtenteils leer steht.

»Eigentlich sollte sich nebenan die Hochschule für Architektur einquartieren«, erzählt Christian Ritschel, Röstmeister und Geschäftsführer von Lloyd Caffee. Das ist nie passiert. Doch er spricht gelassen über die versprochenen »blühenden Landschaften«. Denn längst hat der Betrieb einen eigenen Weg gefunden, um Publikum anzuziehen: mit Kaffeeseminaren, einer Kombination aus Verkostung, Lehrstunde und Rundgang. Zur Tour gehört ein Besuch im üppig mit Carrara-Marmor ausgestalteten Saal von 1914, in den sich die HAG-Direktoren einst zum Mittagessen zurückzogen. Und eine Geschichtslektion, denn Bremen ist eine wahre Kaffeestadt. Seit den 1920er Jahren gab es hier um die 500 Röste-reien. Und noch heute gelangt fast die Hälfte aller Kaffeebohnen über die Häfen in Bremen und Bremerhaven nach Deutschland. Auch die Bohnen, die Christian Ritschel bestellt, werden in Containern auf dem Seeweg geliefert. Wenn möglich, stammen sie von kleinen Familienplantagen, viele hat Ritschel selbst besucht. Er röstet sie sortenrein und schonend, etwa 20 Minuten lang, bis sie recht dunkel sind. Die hellen, säurebetonten Röstungen, die manche junge, urbane Röster bevorzugen, mag er nicht. »Ich bin ja ein alter Sack, ich röste da sehr traditionell«, sagt der 64-Jährige und lacht. Für die Blends werden die Bohnen am Schluss gemischt, bei kleinen Mengen in einer umgenutzten Zementmaschine.

Für Christian Ritschel war Rösten lange nur ein Hobby: Er ist gelernter Speditionskaufmann und Betriebswirt und hat zuvor in der Industrie gearbeitet. Mit Ende 40 wurde er bei einer Umstrukturierung entlassen, machte sich mit einem kleinen Kaffeeversandhandel selbstständig – und konnte kurz darauf bei Lloyd Caffee einsteigen. »Das war reiner Zufall«, sagt er. Doch wie findet man als Quereinsteiger die richtigen Sorten und die richtigen Mischungen? »Wer ein Gefühl für Geschmack hat, kommt da schon weit.« Vieles sei ansonsten einfach Erfahrung. Ihm selbst hilft ein simples System bei der Arbeit: Morgens trinkt er immer einen Bio-Kaffee aus Honduras, der dort auf 1700 Meter Höhe mitten in einem alten Wald angebaut wird. Er brüht ihn mit einer Aeropress, einer neuartigen Zubereitungsart zwischen Filterkaffee und French Press, trinkt ihn schwarz und ohne Zucker. »Das ist die Referenz. Jeden Kaffee, den ich sonst verkoste, vergleiche ich damit«, sagt der Röstmeister. »Es ist für mich der Inbegriff eines guten Kaffees.«

LLOYD CAFFEE

Rund 40 verschiedene Sorten Kaffee füllt die Rösterei ab. Vor Ort gibt es sowohl einen Laden als auch ein Café. Normalerweise finden Kaffeeseminare und Baristakurse statt. Die gerösteten Bohnen lassen sich aber auch online bestellen. Christian Ritschels Lieblings- und Referenzkaffee ist der »Bio Café Crème Honduras Waldkaffee«.
Fabrikenufer 115
lloyd-caffee.de

Nick van Heyningen weiß genau, wie er die Kuvertüre auf dem Arbeitstisch seiner kleinen Pralinenmanufaktur optimal temperiert (rechtes Bild), um damit die Olivenöl-Salz-Pralinen zu überziehen

NICK VAN HEYNINGEN, KONDITOR

Auf der Schokoladenseite

Am Schluss war Nick van Heyningen bereit für einen Kompromiss. Noch bis vor wenigen Wochen hat der Konditormeister alle seine Pralinen von Hand überzogen. Bedeutet: mit Pralinengabeln jede einzelne in Schokolade tunken, auf ein Pralinengitter heben, abtropfen lassen und auf ein Backpapier setzen. Jetzt hat er sich für seinen Betrieb doch eine Überziehmaschine angeschafft – »schweren Herzens«, wie er sagt, so sehr schätzt er das Handwerk. Aber die Nachfrage ist einfach zu groß geworden für sein kleines Team. Weihnachten wurde so eifrig bestellt, dass Nick van Heyningen sogar den Onlineshop schließen musste, um mit den Bestellungen nachzukommen. Mit der Maschine geht es jetzt deutlich schneller: Gerade legt der 35-Jährige die frischen Nougat-Würfel aufs Förderband, eins, zwei, drei, vier in eine Reihe, und lässt sie per Knopfdruck unter einer warmen Schokoladendusche durchfahren – fertig. »Aber garniert und vorbereitet wird natürlich immer noch von Hand«, sagt er.

Nick van Heyningens Pralinen sind in ganz Bremen bekannt, obwohl er kein eigenes Ladengeschäft hat. Die rund 30 Sorten, die Tafelschokolade und die Marzipanbrote produziert er seit einigen Monaten etwas außerhalb hinter einem unscheinbaren Wohnhaus im Weiler Seckenhausen. Früher sei der Raum eine Metzgerei gewesen, erzählt er, das passe bestens, auch er brauche gefliese Wände. 2000 bis 3000 Pralinen entstehen hier pro Tag. Die hübsch verpackten Sorten verkauft Nick van Heyningen online, am Samstag auf dem Findorffer Wochenmarkt sowie über diverse Feinkostläden und Geschäfte in der Innenstadt. Er kommt ohne künstliche Aromen und Farbstoffe aus, für die gelben Streifen auf seinen Eierlikör-Trüffeln zum Beispiel

verwendet er Kurkuma. Bei Pralinen mit Alkohol kooperiert er gern mit lokalen Herstellern, beim weißen Trüffel mit Gin etwa mit »Piekfeine Brände« aus Bremen (s. S. 66). Er hat diverse Klassiker im Sortiment, aber sein größter Erfolg hat ihn selbst überrascht: Mit Abstand am besten verkaufen sich die Pralinen mit Olivenöl und Fleur de Sel. Sie schmecken ungewohnt, aber harmonisch – man merkt, dass sie von einem Konditor stammen, der die aromatischen Nuancen seiner Produkte akribisch austariert.

Nick van Heyningen sagt von sich selber, dass er perfektionistisch sei. Aber er ist auch Pragmatiker: Seine Arbeitsgeräte hat er größtenteils auf Ebay gekauft oder von geschlossenen Betrieben übernommen. Hachez gehört auch dazu, ein Bremer Traditionsbetrieb, gegründet 1890. Doch seit letztem Jahr produziert das Unternehmen in Polen, das Werk in der Neustadt wurde geschlossen. Nick van Heyningen hat selbst ein paar Jahre bei Hachez gearbeitet, in der Abteilung für Füllungen. Er hatte früh Feierabend und fing deswegen nebenberuflich an, eigene Pralinen zu kreieren. 2012 gründete er mit seinem Cousin ein kleines Start-up. Sein Mitgründer stieg recht schnell wieder aus, er hingegen wurde quasi in die Selbstständigkeit geworfen: Vier Jahre nach der Gründung wurde bei Hachez umstrukturiert, der Konditor erhielt die Kündigung – und setzte fortan ganz auf das ehemalige Nebenprojekt.

Die Nachfrage ist inzwischen hoch, die erste Maschine gekauft. Wäre das nicht ein günstiger Moment zur Expansion oder für einen Laden in der Innenstadt? Nick van Heyningen winkt ab. »Vielleicht könnte es noch besser laufen«, sagt er. »Aber ich bin zufrieden. Da muss man ja nicht so viel ändern, oder?«

KONDITOREI VAN HEYNINGEN

Die stets frischen Pralinen von Nick van Heyningen können online bestellt werden. In Bremen verkauft werden sie u.a. im Ratskeller (S. 54), bei »Lloyd Caffee« (S. 50) und im Delikatessgeschäft von »Grashoff« (S. 56).
konditorei-bremen.de

Präzise Linienführung: Seine süßen Kreationen garniert Nick van Heyningen von Hand – bei der Marzipan-Pistazien-Praline etwa durch einen feinen Strich aus weißer Schokolade

Kostbares Kulturgut: Gern zeigt Karl-Josef Krötz auf Rundgängen das 1200-Liter-Fass, das den ältesten Wein des Ratskellers enthält – er stammt aus dem Jahr 1653

DER SCHATZ UNTER DEM RATHAUS

In dunklen Räumen lagern hier wertvolle, mehrere Hundert Jahre alte Weine. Ihr Hüter: Ratskellermeister Karl-Josef Krötz

Neulich habe er wieder mal einen 1959er getrunken. »Das ist ein Hammer-Jahrgang«, schwärmt Karl-Josef Krötz. »Die Weine haben eine unglaubliche Konzentration. Innen drinnen brennt da die Lampe, das ist, als hätte jemand ein Feuer angemacht.« Krötz steht in einem Gewölbekeller sechs Meter unter dem Bremer Rathaus, und er spricht nicht etwa von einem großen Burgunder – sondern von deutschem Weißwein. Tausende von Flaschen liegen hinter ihm, in raumhohen Regalen, geschützt durch ein schmiedeeisernes Gitter: die »Schatzkammer« des Ratskellers. Karl-Josef Krötz hat als Kellermeister den Schlüssel zu diesem einzigartigen Archiv deutscher Spitzenweine.

In der »Schatzkammer« liegen noch viel ältere Flaschen, etwa Trockenbeerenauslesen, die gegen Ende des 19. Jahrhunderts entstanden sind. »Diese Weine schmecken unheimlich frisch«, erzählt Krötz.

»Sie sind für die Ewigkeit gedacht.« Die älteste Flasche im Keller ist von 1727. In dem Jahr starb Isaac Newton und Bach führte in Leipzig zum ersten Mal die Matthäus-Passion auf. Wer mit dem Kellermeister durch die verzweigten unterirdischen Räume läuft, reist auch durch 600 Jahre Weingeschichte. Seit dem Bau des Rathauses 1405 wird darunter Wein gereift, gehandelt und getrunken. Der Deutsche Kaiser Wilhelm II. kehrte hier gerne ein, Wilhelm Hauff inspirierten die Besuche zur Weinnovelle »Phantasien im Bremer Ratskeller«. Der Handel war über Jahrhunderte ein äußerst einträgliches Geschäft: Der »Rheinwein«, wozu hauptsächlich der Wein aus dem heutigen Anbaugebiet Rheingau gehörte, musste zuerst durch den Ratskeller, bevor er in Bremen ausgeschenkt oder etwa nach Skandinavien exportiert werden durfte.

Und heute? Einerseits verkostet Karl-Josef Krötz in seinem fensterlosen Proberaum mit gigantischem

BREMER RATSKELLER

Am besten lässt sich der Keller auf einer Führung mit Verkostung kennenlernen, wie sie regelmäßig angeboten wird. Der Ratskeller hat auch ein eigenes Restaurant, zu dessen bodenständiger Küche eher junge Weine ausgeschenkt werden. Wer sich für ältere Jahrgänge interessiert, sollte das am besten im Voraus anmelden. An der Rathaus-Rückseite betreibt der Weinhandel außerdem einen Shop.

Gastronomie Am Markt
Tel. 0421 321676
ratskeller-bremen.de

Weinhandel Schoppensteel 1
ratskeller.de

Reife Leistung: In der »Schatzkammer« lagern Weine aus den letzten drei Jahrhunderten. Die Flaschen, die hier in hohen Regalen liegen, sind in Cellophan eingewickelt, um die Etiketten zu schützen. Wer eine kaufen möchte, muss mit einem drei- bis vierstelligen Betrag rechnen

Spucknapf wie ein Großhändler Weine aus allen 13 deutschen Anbaugebieten, die dann mit Ratskeller-Etikett unter anderem in rund 100 Supermärkten verkauft und meist jung getrunken werden. Da geht es um beachtliche Mengen, durch ein Außenlager ist Platz für 500000 Flaschen. Andererseits kümmert sich der Kellermeister um das trinkbare Kulturerbe der Stadt, das »köstliche Fundament« des Rathauses, wie er es nennt. Krötz veranstaltet etwa Raritäten-Verkostungen und sucht bei jedem Jahrgang herausragende Weine aus, um sie mitten in Bremen reifen zu lassen. Ihm ist es auch zu verdanken, dass das Handelshaus in der Steillage »Erdener Treppchen« an der Mosel einen eigenen Weinberg besitzt. Vier Jahrzehnte deutsche Weingeschichte hat der erzählfreudige Kellermeister miterlebt. Als er 1977 mit 20 Jahren seine Ausbildung zum Weinbauingenieur abschloss, war deutscher Wein vor allem eins: süß. Er erlebte danach mit, wie eine neue deutsche Spitzenküche entstand und damit eine Plattform für große, trocken ausgebaute Weine aus Deutschland. Als er 1989 Ratskellermeister wurde, hat er diese auch selbst gefördert, mit Ehrgeiz, aber auch mit moselaner Weinfröhlichkeit – er ist dort auf einem Weingut aufgewachsen.

Krötz hat viel Respekt und Ehrfurcht vor der langen Geschichte des Ratskellers und seinen Schätzen. Vom ältesten hat er nur einmal in seinem Leben gekostet: ein Fass mit Rüdesheimer Wein von 1653. Es steht in einem eigenen, nur mit Kerzen beleuchteten Keller, flankiert von fünf Fässern mit Rhein- und Moselwein aus dem 17. und 18. Jahrhundert. Ein sherryhafter Duft schwebt durch diesen Raum, komplex, fein, betörend und überhaupt nicht muffig. Also, der 1653er, wie war der nun? »Trockenfrüchte, Honig, Karamelltöne«, erinnert sich der Kellermeister. »Ein einziger Tropfen tapeziert den Gaumen und bleibt den ganzen Tag – das ist der Wahnsinn!«

3 FRAGEN AN UNTERNEHMER UND KOCH OLIVER SCHMIDT

>> Loriot ließ sich Butterbrote machen «

MERIAN: Ihr Feinkostgeschäft Grashoff gilt als eines der besten des Landes, Sie führen den Familienbetrieb bereits in dritter Generation. Reine Herzenssache oder schweres Familienerbe?

OLIVER SCHMIDT: Als ich 1991 in das Unternehmen kam, war das eine Herzensangelegenheit. Aber als ich jung war, hatte ich zwei Berufswünsche: Koch und Musiker. Meine Eltern baten mich, die solide Lehre vorweg zu machen. Also bin ich erst Koch geworden, danach habe ich mich zwei Jahre lang als Jazz- und Rockgitarrist ausgelebt, bevor ich in das Familiengeschäft einstieg.

Neben dem Delikatessengeschäft betreiben Sie ein Bistro und eine eigene Manufaktur. Was sind die Kassenschlager?

Aus der Manufaktur ist es die Schokoladencreme. Alle sind mit Nutella aufgewachsen, aber alle sind auch einen Schlag älter geworden und mögen vielleicht die etwas andere Qualität. Wir haben an die 30 verschiedene Schokoladencremes entwickelt, die ohne Palm-

öl und Sojaprodukte auskommen. Und bei uns im Geschäft bekommt man auch die wesentlichen Zutaten, um die Gerichte aus dem Bistro zu Hause nachzukochen. Wenn man bei uns beispielsweise ein pochiertes Kalbsfilet mit Morchelrahmsauce, Kartoffel-Sellerie-Püree mit Erbsen und Majoran genossen hat, kann man danach im Geschäft die Sauce servierfertig kaufen und bekommt einen Tipp dazu, wie das Fleisch gelingt.

Selbst Loriot war schon Stammkunde. Ist überliefert, was er bestellt hat?

Er war ein großer Genießer und hat alles probiert! Als Vicco von Bülow für Radio Bremen seine berühmte Sketch-Serie drehte, kam er nach der Arbeit mit seinem Team immer zu meinem Vater ins Bistro und wurde schnell ein Freund der Familie. Er war ein echter Feinschmecker, aber eigentlich liebte er die einfache bürgerliche Küche. Als er in seinen älteren Jahren kam, hat er sich am liebsten von meiner Mutter Butterbrote machen lassen. Das klingt überraschend, aber es ist wahr. Die hat er leidenschaftlich gern gegessen.

Contrescarpe 80, grashoff.de

Die Bistro-Küche bei Grashoff ist regional und frankophil geprägt – auf den Tisch kommen Spezialitäten wie Hummer Armoricaine

Foodies lieben die Markthalle Acht (links). Feines aus der »Küche 13«: Schweinebauch mit Zwiebelgemüse und Kartoffelstampf (rechts)

Grünkohl mit Pinkel, koreanisches Streetfood und Bremens beste Pizza

»Arm, aber sexy« – so wurde Berlin einst betitelt. Und mir scheint, dass der Slogan ebenso für das kulinarische Gesamtbild Bremens dienen kann. Ja, wir sind arm, zumindest was Sterne-Restaurants betrifft. Aber wir haben einige Köche und Orte, die nicht minder glanzvolle Schätze aufbieten. Einer dieser Orte liegt mit der Markthalle Acht direkt hinter dem Dom. Unter einem großen gläsernen Dach finden sich zahlreiche Stände, die authentische Speisen aus aller Welt servieren. Einer meiner Favoriten: Jung-Min Kims südkoreanische Straßenküche »Maru«. Wer stattdessen auf der Suche nach bremischer Tradition ist, sollte im nicht weit entfernten Schnoorviertel im Kleinen Olymp einkehren. Im urigen Ambiente des historischen Stadtgebäudes hat man die Gelegenheit, Klassiker wie Matjes, Labskaus oder zur Saison Grünkohl mit Pinkel zu probieren.

Jan-Philipp Iwersen hat sich dagegen mit seiner Küche 13 in einer ruhigen Gasse des »Viertels« einquartiert. Hier lockt er im Stile der Nouvelle Cuisine mit frischen und handwerklich erstklassigen Gerichten. Klassiker der italienischen Küche servieren derweil die Brüder Behljuljevic im Due Fratelli. Mein Favorit: die über 16 Stunden geschmorte Spaghetti Bolognese. Noch ein Highlight findet sich im alten Kellogg-Gebäude in der Überseestadt, wo Emanuele Piacevole im Zio Manu di Napoli Bremens beste Pizza auftischt. Tipp: die neapolitanische Regina Margherita.

Markthalle Acht Domhof 8-12 markthalleacht.de
Kleiner Olymp Hinter der Holzpforte 20 kleiner-olymp.de
Küche 13 Beim Steinernen Kreuz 13, kueche13.de
Due Fratelli Hamburger Str. 32 due-fratelli-bremen.de
Zio Manu di Napoli Auf der Muggenburg 30 ziomanu.de

Temi Tesfay ist Restaurantkritiker beim »Weser-Kurier« und mit seinem Kanal »Ein bisschen Bremen« einer der besten Gastro-Blogger der Stadt. Für MERIAN stellt er hier fünf seiner Lieblingslokale vor.

HEY, ALTES HAUS!

Ein besonderer Typ Reihenhaus verändert im 19. Jahrhundert ganze Viertel. Das »Bremer Haus« lässt die Stadt bis heute gut aussehen

TEXT KALLE HARBERG

D ie Lübecker trinken, die Hamburger essen und die Bremer wohnen über ihre Verhältnisse«, heißt es in einem alten Sprichwort über die Hansestädte. Es entstand im 19. Jahrhundert, als sich die reichsten Kaufleute an der Weser große Villen inmitten üppiger Parkanlagen zulegten. Aber es ist eine ganz andere, eine dezentere Bauform, die etwa zur selben Zeit erstmals im Stadtbild auftauchte und bis heute dafür sorgt, dass der Spruch seine Gültigkeit nicht verloren hat: das Bremer Haus.

Die ersten Häuser dieses Typs trugen diesen Namen freilich noch nicht, als sie in den 1840er Jahren errichtet wurden. Während in Berlin oder Hamburg damals gewaltige Mietskasernen für die neue Arbeiterklasse hochgezogen wurden, wuchs Bremen deutlich langsamer und schlug deswegen einen anderen Weg ein: Jeder Bremer, vom kaufkräftigen Kapitän bis zum einfachen Fabrikarbeiter, sollte in den jungen Wohnvierteln um den Stadtkern ein Reihenhaus neuer Bauart bekommen. Ein eigenes Zuhause.

Mit verschieden vielen Stockwerken je nach Stand und Status, versteht sich. Aber dennoch weisen die Bremer Häuser, die bis heute an vielen Ecken der Stadt überlebt haben, genug Gemeinsamkeiten auf, um sie leicht erkennbar zu machen. Sie sind in der Regel ein oder zwei Stockwerke hoch und weitaus tiefer als breit. Das liegt daran, dass die Bauherren die neue Straße vor dem Haus herzurichten hatten – ein schmales Haus war also günstiger. Zum Schutz vor Hochwasser wurde die Straße mit Bauschutt aufgestockt, sodass Bremer Häuser gewöhnlich ein Souterrain haben, diejenigen, die im letzten Drittel des 19. Jahrhunderts gebaut wurden, bekamen oft auch Wintergärten und offene Veranden. Die Fassaden der allermeisten Bremer Häuser sind reichlich mit Stuck verziert, dessen Stil sich mit der Zeit vom Klassizismus über den Historismus bis zum Jugendstil wandelte.

Und drinnen? Da durchzog die Salons der wohlhabenden Familien eine vornehme Eleganz. Als Beletage diente das Hochparterre, das von zwei gleichmäßig großen

Zimmern dominiert wurde. Die fungierten als Ess- und Wohnzimmer sowie als gute Stube – oft waren sie mit edlem Parkett ausgelegt, trugen an der Decke Stuckaturen aus Gips und hatten eigene Kachelöfen. Der gleiche Grundriss wiederholte sich im Obergeschoss, wo die Räume als Schlaf- und Kinderzimmer genutzt wurden. Souterrain und Dachgeschoss waren das Reich der Dienstboten, unten befanden sich Vorratskeller, Küche und Toilette, oben hatten die Hausangestellten ihre Schlafkammern. Ein kleiner Lastenaufzug verband in manchen Bremer Häusern alle Etagen miteinander.

Ein Haus, eine Familie, das war der Plan. In der Realität aber lebten oft zwei oder sogar drei Familien hinter den Wänden. 3000 Mark kostete um 1900 die einfachste Version des Reihenhauses, die vor allem für die Arbeiterklasse gedacht war. Wer nicht so viel Kapital hatte, konnte mit Kaufleuten eine »Handfeste« vereinbaren, die besondere Bremer Variante einer Hypothek. Um diese zu tilgen, vermieteten die Eigentümer Zimmer weiter – bisweilen bekamen sogenannte »Schlafgänger«, die nachts etwa im Hafen arbeiteten, auch nur ein Bett. Obwohl um 1900 fast alle Bremer in Reihenhäusern wohnten, genoss das Bremer Haus keine große Beliebtheit.

Das hat sich dramatisch verändert: Die historischen Häuser sind heute heiß gehandelte Immobilien. Kein Wunder, schließlich fühlt sich, wer durch die Straßenzüge der Reihenhäuser spaziert, die zum Beispiel in Schwachhausen, der Neustadt oder im »Viertel«, etwa in der Mozartstraße, erhalten geblieben sind, in einen pittoresken Vorort in England oder den Niederlanden versetzt. Vor allem aber ist der einstige Bauboom der Bremer Häuser ein entscheidender Grund dafür, dass Bremen heute eine der höchsten Wohneigentumsquoten unter deutschen Großstädten hat. Rund 38 Prozent der Bremer besitzen ihr eigenes Zuhause, in Hamburg sind es dagegen 24, in Berlin nur 17 Prozent. Der Traum vom eigenen Haus und der Traum vom Leben in der Stadt – an der Weser lassen sie sich noch miteinander verbinden. ∎

DA WÄCHST DOCH WAS!

Ein neues Viertel sprießt im alten Hafen aus dem Boden. Wo einst Schiffe anlegten, entsteht gerade Bremens spannendste Ecke: **die Überseestadt**

TEXT **KALLE HARBERG** FOTOS **CHRISTINA KÖRTE**

Ein knappes Dutzend Kräne lassen sich von der Überseepromenade erkennen. Früher hievten die hier Ladung aus den Kähnen, heute ziehen sie Neubauten in die Höhe

Cola-Kraut statt Cornflakes: Auf dem einstigen Kellogg-Gelände sät Michael Scheers Gemüsewerft jede Menge Pflanzen – auch Hopfen für eigenes Bier

Endlich kommt Leben ins Viertel:
Am Europahafen steigt spontan
eine kleine Party, Musik und Drinks
haben die Tänzer selbst mitgebracht, die Sonne tut ihr Übriges

Baden darf man wegen der Schiffe nicht, aber der Strandpark Waller Sand (links) ist dennoch ein Aushängeschild der jungen Überseestadt. Genauso wie das Blauhaus (oben), ein Gegenentwurf zu den elitären Tendenzen vieler Stadtentwicklungsprojekte

Die beiden buntesten Häuser Deutschlands sind beige. Sie haben eine Fassade aus sandfarbenem Backstein, verkleidet mit schwarzen Balkonen, und wären nicht weiter bemerkenswert, wenn da nicht die Bewohner hinter den unscheinbaren Mauern wären. Etwa 170 Menschen leben in den 84 Wohnungen, Studenten und Senioren, Hartz-IV-Empfänger und Normalverdiener, Bremer und Geflüchtete. Es gibt Mikroapartments für Singles, Vier-Zimmer-Wohnungen für Familien, eine integrierte Kita und drei Wohngemeinschaften, etwa für an Demenz erkrankte Menschen oder Rollstuhlfahrer. Als Beispiel gelebter Inklusion, sagt Carola Dengler, sei das Blauhaus – wie die Wohnanlage trotz seiner blassen Farbe heißt – in dieser Form in der Republik einzigartig.

Dengler arbeitet für den Verein Blaue Karawane, der den Gebäudekomplex plante und im Hof eine Werkstatt betreibt, in der einige der Bewohner Arbeit finden. Die 61-Jährige war eine der Ersten, die hier eingezogen sind. Mehr als zehn Jahre konnte sie wegen einer Angst- und Panikstörung ihr Zuhause kaum verlassen, hatte einen Herzinfarkt, machte Therapien,

fand schließlich ihren Platz bei der Blauen Karawane. Heute führt sie wieder ein normales Leben, kann sogar anderen Bewohnern des Blauhauses bei ihren Problemen helfen, wenn die sie darum bitten. »Hier kann jeder so verrückt oder eigenartig sein, wie er will«, sagt Dengler. »Keiner wird kritisiert, gegängelt oder zurechtgewiesen. Jeder wird so genommen, wie er ist.«

Hier am Kommodore-Johnsen-Boulevard scheint die Welt ein Stück weit so, wie sie sein sollte. Egalitär, nachbarschaftlich, bescheiden. Eine unaufgeregte kleine Utopie. Das macht das Blauhaus zu einem Vorzeigeprojekt der Überseestadt, einem der größten Stadtentwicklungsprojekte Europas. Auf einer Fläche von 300 Hektar, doppelt so groß wie die Hamburger Hafencity, wächst an der Weser ein brandneues Viertel.

Einst lag hier der Bremer Überseehafen, aber mit dem Aufstieg des Containers verlor dessen Stückgutverkehr immer mehr an Bedeutung. 1998 wurde das Hafenbecken schließlich zugeschüttet, 2000 beschloss der Bremer Senat die Entwicklung des Areals, 2003 stand der Masterplan. Wäre die Überseestadt ein Mensch, sie wäre gerade volljährig geworden und hätte auf sich anstoßen lassen.

Erwachsen ist die Überseestadt deswegen noch lange nicht. Wer durch ihre breiten Straßen läuft, entdeckt immer noch jede Menge Baugerüste und Gitterzäune, obwohl das Stadtentwicklungsprojekt eigentlich bereits 2025 abgeschlossen sein soll. Mehr als 3000 Menschen leben schon hier, mehr als 2000 Unternehmen haben sich ebenfalls in dem Viertel niedergelassen, das offiziell zum Stadtteil Walle gehört und im Osten an die Innenstadt grenzt. Eine einmalig zentrale Lage und eine einmalig große Chance. Versuchslabor, Spielwiese und Experiment sind Beschreibungen, die oft im Zusammenhang mit Stadtentwicklungsprojekten dieser Größenordnung fallen. Aber vor allem ist die Überseestadt ein Glücksfall für Bremer, die ihrer Stadt ein neues Gesicht geben wollen. Denn Bremen ist klein genug, um unter dem Radar großer Investoren hindurchzufliegen, aber das Areal groß genug, um sich richtig auszutoben. So entsteht hier ein Stück Bremen made by Bremern.

Klaus Meier war eigentlich nur ein Nachbar, Investor wollte er nie werden. Meier ist einer der Gründer des Unternehmens Wpd, das Wind- und Solarkraftanlagen in 28 Ländern betreibt und seinen Sitz schon in der Überseestadt hatte, als die noch in den Kinderschuhen steckte. Als man für die Entwicklung des benachbarten Kellogg-Geländes, auf dem mehr als 50 Jahre lang Cornflakes hergestellt wurden, bis das Werk 2017 schloss, einen passenden Investor brauchte, sprang Meier, dessen Unter-

Die Container stapeln sich schon
am Fabrikenufer (rechts), denn Teile des
Viertels sind nach wie vor Hafengebiet.
Auch auf den Grünflächen – wie hier
vor dem Weser Tower (links) – bleibt an
Sommertagen kaum ein Platz frei

nehmen ohnehin ein Vorkaufsrecht für ein Stück des Areals besaß, kurzerhand selbst ein. »Es sollte eigentlich ein Hobby sein«, gibt der 57-Jährige zu. Aber daraus wurde dann doch ein wenig mehr.

Meier und sein Team, die es sich im alten Verwaltungsgebäude der Kellogg-Fabrik gemütlich gemacht haben, entwickeln eine ganz neue Nachbarschaft: die Überseeinsel. Nirgendwo in der sie umschließenden Überseestadt wird in den nächsten Jahren so viel passieren wie hier. Auf dem 41 Hektar großen Gelände sollen 1500 Wohnungen entstehen, dazu eine Markthalle, ein im alten Getreidesilo untergebrachtes Hotel und viele Grünflächen, außerdem wird das Areal komplett autofrei sein und 80 Prozent des Stroms von Solarpanels auf den Dächern sowie Windkraftanlagen kommen. Meiers Lieblingsprojekt: eine Streuobstwiese für die Nachbarschaft. »Ich glaube, es gibt ein großes Bedürfnis, in einer durchkommerzialisierten Welt entkommerzialisierte Räume zu finden«, sagt er. »Und ich glaube, dass man dieses Bedürfnis befriedigen kann, ohne dass das teuer ist.«

Die ersten Mieter sind bereits angekommen. Michael Scheer sitzt im alten Torhäuschen, bietet Kaffee und Kinderriegel an, und schaut über den Parkplatz der Fabrik, aus dem eine Farm geworden ist. Zwischen Containern und einer ausrangierten Straßenbahn stehen etwa 400 Hochbeete, in denen Tomaten und Auberginen wachsen, aber auch exotischere Gewächse wie Chili und Cola-Kraut. »Einen Showroom für Essen nennen wir das immer«, sagt Scheer. Der 52-Jährige ist Geschäftsführer der Gesellschaft für integrative Beschäftigung, die an drei Standorten – einer davon hier am Weserufer – die Gemüsewerft betreibt. Ein gutes Dutzend Gärtner, einige mit psychischen und seelischen Erkrankungen, wuseln in den Beeten und holen so die Lebensmittelproduktion zurück in die Großstadt. »Es ist das erste Mal in Deutschland«, sagt Scheer, »dass eine urbane Agrikultur in einem Quartier installiert wurde, bevor das Quartier da ist.«

Das ging erstaunlich einfach. 20 Minuten lief Michael Scheer mit Klaus Meier über den Parkplatz und erzählte ihm von seinen Plänen, bevor der sagte: »Kannste haben.« Genauso schnell kam die zweite große Partnerschaft der Gemüsewerft zustande. Eines Tages schaute der Gründer der Bremer Braumanufaktur vorbei, ebenfalls einer der ersten Mieter auf der Überseeinsel, und fragte: »Kannst du meinen Hopfen anbauen?« Wie das denn gehe, fragte Scheer zurück, und weil der Mikrobrauer es auch nicht genau wusste, fuhren beide in die Hallertau, das größte Hopfenanbaugebiet der Welt, und lernten, die Gewächse in Hochbeeten anzubauen. Zwischen denen gibt es heute jeden Sommer einen Biergarten, in dem man ihre drei Biersorten probieren kann, und beim Hopfenzupfen hilft einmal im Jahr die ganze Nachbarschaft. Sechs Wochen würden sie dafür wohl alleine brauchen, schätzt Michael Scheer. Letztes Jahr waren sie nach fünf Stunden fertig.

Im Zentrum des Viertels liegt seit 2014 der Überseepark. Sein Skatepark ist bereits von Graffiti überzogen – was man mal als Beweis seiner Beliebtheit verstehen sollte

Ihre Erfolgsquote ist hochprozentig. In ihrer Brennerei in umfunktionierten Weintanks tüftelt Birgitta Schulze van Loon ständig an neuen Spirituosen

In vier Sprachen begrüßt ein Schild am Europahafen Neuankömmlinge in der Überseestadt (links). Die Botschaft des Smileys am Bunker auf der Überseeinsel (oben) versteht man sogar ganz ohne Sprachkenntnisse

Am schönsten findet es Scheer, wenn die Leute bei ihrem Besuch zwischen den Beeten einschlafen. Dann weiß der studierte Biologe, dass er alles richtig gemacht hat. Klar, fehle es der Überseestadt noch an »Filz«, wie er es nennt, kulturelle Einrichtungen sind zum Beispiel Mangelware. »Es tut Bremen ganz gut, dass es uns hier gibt«, sagt er. Wer ein neues Viertel mit Leben füllen will, darf eben nicht nur meckern. »Man muss sich einbringen und dafür Sorge tragen, dass es so kommt, wie man es gerne hätte. Von alleine passiert das nicht.«

Dieser Geist durchzieht die Überseestadt. Hingehen, anpacken, selber machen. Birgitta Schulze van Loon ist noch so eine Pionierin. Ihre Brennerei »Piekfeine Brände« liegt in umfunktionierten Weintanks direkt am Europahafen, wo die Überseestadt teils schon fertig aussieht. Blitzblanke Neubauten schmiegen sich an die Promenade, alle ein wenig kalt, aber mit einem fantastischen Blick auf das Wasser, in dem kleine Motorboote vor Anker liegen. Die Promenade führt bis zum nordwestlichen Ende der Überseestadt, wo 2019 mit dem Waller Sand ein neuer Strandpark entstanden ist, komplett mit Beachvolleyball-Feldern und Strohschirmen, unter denen man den großen Schiffen im Wendebecken beim Manövrieren zuschauen kann.

Schulze van Loon lässt in einer ihrer Destillen gerade Brot vergären, ein Bäcker hat ihr die alten Laibe vorbeigebracht, aus denen sie jetzt einen Geist zaubert. »Nach dem Motto: Aus Korn wird Brot und aus Brot wird wieder Korn, 'ne?«, sagt die 59-Jährige. Schrullige Versuche gehören zum Programm von Norddeutschlands einziger Obstbrennerin. In den einstigen Tanks eines Importeurs macht sie Whiskey, Gin, Rum, Eierlikör und natürlich Brände aus Quitten, Mirabellen und Haselnüssen – der absolute Bestseller. Aber immer wieder probiert sie etwas Neues. Als am Anfang der Coronakrise Desinfektionsmittel überall vergriffen waren, funktionierte sie ihre Apparaturen kurzerhand um und stellte Ethanol her, »einen Premium-Brand«, wie sie sagt, »der dann eben zur Desinfektion eingesetzt wurde«. Die Apotheken aus der Nachbarschaft holten ihn in Kanistern ab.

Wer derart neugierig und anpassungsfähig ist, fühlt sich auch in der Überseestadt wohl. Bereits vor zehn Jahren zog Schulze van Loon in den Schuppen am Europahafen. Nachdem sie in der Finanzkrise ihren Job als Unternehmensberaterin verloren hatte, absolvierte sie in Bayern eine eigentlich für Obstbauern gedachte Ausbildung zum Brenner – obwohl man sie, eine Frau ohne Erfahrung, anfangs nicht einmal zulassen wollte. Aber sie biss sich durch, und ihre Spirituosen sind heute vielfach ausgezeichnet.

Zwar wuchs das Viertel um sie herum nicht so schnell wie die Brennerei, aber das werde schon noch, da ist sie sich sicher. Manchmal kämen schon Touristen bei ihr vorbei, erzählt sie, und fragten bei ihr nach: Wo ist denn die Überseestadt? Genau hier. Und wo könne man durch das neue Viertel flanieren? Eigentlich nirgendwo so richtig, sorry. Dann schenkt Schulze van Loon den verwirrten Besuchern bisweilen erst mal einen Schnaps ein.

Denn auch das gehört zur Realität: Über den Status als Geheimtipp

»AN DEN ECKEN UND KANTEN
HIER KANN MAN SICH REIBEN.
UND SIE GLEICHZEITIG LIEBEN«

Gut 400 Meter lang ist der
schön sanierte Speicher XI, einst
Lagerhalle des Überseehafens,
jetzt Zuhause der Hochschule für
Künste, eines Kulturforums und
des Überseestadt-Infocenters

Von der Member-Bar »Deck 20« hoch oben im Landmark Tower hat man die Überseestadt perfekt im Blick. Das alte Molenfeuer (rechts) ist sogar so exklusiv, dass man es gar nicht betreten kann – herrlich ist die Sicht aufs Hafenbecken aber auch zu seinen Füßen

ist die Überseestadt noch nicht hinausgekommen. Zu weitläufig ist das Areal, zu verstreut sind die Anlaufpunkte. Eine gute Anbindung mit der Straßenbahn fehlt dem Viertel bisher noch, genauso wie ein richtiges Zentrum. Auch ein Leuchtturmprojekt, wie es die Hamburger Hafencity etwa mit der Elbphilharmonie hat, sucht man vergeblich – dafür aber hat die Überseestadt mit dem Molenfeuer zumindest einen eigenen kleinen Leuchtturm. Denn auch das muss man wissen: Die Überseestadt ist noch immer ein aktiver Hafen. Der Überseehafen mag zugeschüttet worden sein, aber am Holz- und Fabrikenhafen im Norden des Viertels, wo sich eine kleine Skyline aus Kränen und Speichern über einen Weserarm beugt, werden noch immer Schiffe gelöscht. Viele neue Bewohner der Überseestadt haben in ihren Mietverträgen stehen, dass es auch mal lauter

werden kann und sie sich an dem sonoren Grundbrummen des Hafens und dem gelegentlichen Knallen der Container nicht stören.

Schwer romantisch« findet im Gegenteil etwa Gemüsebauer Michael Scheer, der hier schon als Junge über die Dächer sprang, die Hafenatmosphäre. Und wem es genauso geht, der muss in der »Anbiethalle« vorbeischauen. Die entstand in den Fünfzigern als eine Art Kantine für die Hafenarbeiter, das Wort »anbieten« kommt aus dem Plattdeutschen, erzählt Andreas Lampe, und heißt soviel wie »anbeißen«. Lampe und seine Frau betreiben das Lokal seit 2020, vorher fuhren sie mit ihrem Foodtruck zu Festivals im ganzen Land, bis heute ist er die Sorte Mensch, die jeden sofort duzt. »Straighte Hausmannskost, hardcore deftig-heftig«, sagt der 59-Jährige, das

komme bei ihnen auf den Tisch – »was auch immer deine Mutter dir gekocht hat, das gibt's hier, nichts anderes.« Und das wird geschätzt: Bereits um 6 Uhr sind die ersten Gäste zum Frühstück da, die Büromenschen aus der Nachbarschaft kommen in der Mittagspause, und auch die verbliebenen Hafenarbeiter und Spediteure gehören zur Stammkundschaft. »Die haben da vorne links ihren Tisch«, sagt Lampe, »kommen jeden Tag um 10 Uhr, du glaubst es nicht.«

Dass das Design des flachen Backsteinbaus dabei irgendwo zwischen Jugendherberge und Autobahnraststätte liegt, gehört zum Charme. An den Wänden hängen maritime Gemälde und Hafenfotografien, gesessen wird auf einfachen Holzstühlen mit Sitzkissen. »So wie du's hier siehst, haben wir's übernommen«, sagt Lampe. »Du darfst hier kaum Veränderungen machen, das akzeptiert die Kundschaft nicht.« Schon als er einen Strandkorb in die Ecke stellte, war das hochsuspekt, bei größeren Veränderungen wird aus Protest gerne auch mal der vorige Besitzer angerufen. Inmitten eines Viertels, das schneller wächst als jedes andere in Bremen, ist die »Anbiethalle« eine innig geliebte Bastion der Beständigkeit. Aber über kurz oder lang, sagt Lampe, der früher als Handelsvertreter für Möbel arbeitete, werde er das Interieur doch ein wenig überarbeiten. »Man muss auch ein bisschen mit der Zeit gehen.« ▪

Alle Wege führen zum Strand

... aber die Lieblingstour von MERIAN-Redakteur **Kalle Harberg** durchs neue Viertel hat noch ein paar Stationen mehr. Eine davon: die Brennerei am Europahafen

Waller Sand

Die Überseepromenade zieht sich vom Europahafen einmal durch die Überseestadt genau hierher: Der Strandpark wurde erst 2019 fertiggestellt, der Sand ist also noch herrlich sauber. Es gibt ein paar Beachvolleyball-Felder und Sitzbänke, nur Verpflegungsmöglichkeiten sind hier am Ende der Überseestadt rar – am besten nimmt man sich ein eigenes Feierabendbier mit, um auf die vorbeifahrenden Schiffe anzustoßen.

Überseepark

In der Mitte der Überseestadt liegt seit 2014 dieser kleine Park. Bäume oder Wiesen gehören nicht zum Konzept, dafür ein Basketball-Court, ein Skatepark und Kunstrasen-Fußballplätze. Daran, wieviele Kinder und

jugendliche Erwachsene hier nachmittags Sport treiben, sieht man, wie sehr das Viertel einen solchen Erholungsraum schätzt und braucht.

Hafenmuseum

Das sanierte Hafengebäude Speicher XI ist zum großen Teil Heimat der Bremer Hochschule für Künste, die der Überseestadt mächtig Leben eingehaucht hat. Aber im südöstlichen Ende befindet sich dieses Museum, das kurz und knapp durch die Bremer Hafengeschichte führt. Der neue Teil der Ausstellung informiert über die Entwicklung der Überseestadt.
Am Speicher XI 1, hafenmuseum-speicherelf.de

Piekfeine Brände

Birgitta Schulze van Loon ist selbst lange gesegelt, da passt der Standort am Europahafen perfekt. In umfunktionierten Weintanks befindet sich ihre Brennerei, daneben ein kleiner Shop und ein Raum für Verkostungen. Meine Favoriten: der gewürzte Rum und der Gin aus Hibiskusblüten.
Hoerneckestr. 3, br-piekfeinebraende.de

Gemüsewerft

Das »Ale No. 2«, das erste Bier der Bremer Braumanufaktur und der Gemüsewerft, war nach zwei Monaten

ausverkauft. Die weiteren Koproduktionen kann man im Sommer im Biergarten der Gemüsewerft kosten, dessen Atmosphäre Chef Michael Scheer als »lümmelig« bezeichnet. Kaffeehausstühle sucht man vergeblich, gesessen wird auf Bierbänken. Die Gemüsewerft zieht auch nicht nur Hipster an. »Wir haben hier so richtig krass Mainstream«, sagt Scheer. »Und das finde ich genau richtig.«
Auf der Muggenburg 18, gib-bremen.info

Anbiethalle

Für den Seelachs mit Kartoffelsalat kämen die Leute am Freitag aus ganz Bremen, sagt Andreas Lampe, aber auch den Rest der Woche ist sein Lokal eine beliebte Adresse. Vom schlichten Ambiente sollte man sich nicht verunsichern lassen: Zum Szenerestaurant wird es die »Anbiethalle« nie bringen, muss sie aber auch gar nicht, denn die feine Hausmannskost, die hier auf den Tisch kommt, bringt die ganze Nachbarschaft zusammen.
Speicherhof 4, anbiethalle.de

Hafentraum

Hotels sind in der Überseestadt noch Mangelware, eines der wenigen ist dieses Haus, das sich selbst »Indoor Hostel Camp« nennt. Im 2019 eröffneten »Hafentraum« am Speicher XI schlafen die Gäste nicht in austauschbaren Business-Zimmern, sondern in einem von elf Oldtimer-Wohnwagen, Tiny Houses oder Holzhütten – alle inspiriert von Seefahrernationen.
Cuxhavener Str. 7, hafentraum.de

Bälle und andere Sportausrüstung können im Überseepark an einem in Containern untergebrachten Kiosk geliehen werden, um dann auf den Plätzen Gas zu geben!

Henning Scherf, geboren am 31. Oktober 1938 in Bremen. Nach dem Abitur studierte er Rechtswissenschaften und Soziologie in Freiburg und Berlin. Ab 1978 gehörte er dem Senat der Hansestadt an, von 1995 bis 2005 amtierte er als Bremer Bürgermeister

»WIR SIND EINE BUNTE TRUPPE«

Seit dreißig Jahren teilt Bremens
Alt-Bürgermeister **Henning Scherf** im Bahnhofsviertel
ein fünfstöckiges Stadthaus mit Freunden.
MERIAN hat ihn in seiner Senioren-WG besucht,
in der er sich pudelwohl fühlt

TEXT **NICOL LJUBIĆ** FOTOS **ISABELA PACINI**

Hier drüber wohnen meine Frau Luise und ich«, Henning Scherf zeigt mit dem Finger hoch zur Decke, »über uns wohnt Tim mit seiner Frau Stephanie und dem vier Monate alten Per, süßes kleines Kerlchen«, sagt Scherf und zeigt dann schräg hoch. »Da wohnt unser pensionierter Pastor, er ist verwitwet, hat aber wieder eine Lebenspartnerin, was wir ganz zauberhaft finden, wenn man nach so einer traurigen Geschichte mit achtzig Jahren noch mal zusammenfindet. Und ganz oben«, er sieht jetzt hoch, »wohnen die Göddes, die haben praktisch mit uns angefangen.«

Henning Scherf hat es sich in einem Sessel in seinem Arbeitszimmer bequem gemacht. An den Wänden jede Menge Bücher, ein großer Schreibtisch mit Blick in den Garten, wo das Gespräch eigentlich hätte stattfinden sollen. Im Haus sind sie übereingekommen, dass Besucher, solange das Virus umgeht, im Garten empfangen werden, aber Henning Scherf hat seit einigen Tagen einen leichten Husten und von seiner

> Dass er sich zur Ruhe gesetzt hätte, lässt sich nicht wirklich sagen. Er hat neun Enkelkinder, acht Pflegekinder und diverse Ehrenämter

Tochter, die Ärztin ist, die Anweisung bekommen, drinnen zu bleiben. Einen kurzen Gang durch den Garten hat er sich aber nicht nehmen lassen. »Vom Garten aus haben Sie einen guten Blick aufs Haus«, sagte er, bevor er in sein Arbeitszimmer bat.

Es ist ein beeindruckendes Haus, in dem Scherf seit mehr als dreißig Jahren in einer WG lebt und das man seiner Größe wegen gut für eine Stadtvilla halten kann, fünf Stockwerke mit einem recht großen Garten mitten im Bremer Bahnhofsviertel. Aber nein, es sei keine Villa, widerspricht Scherf, eher ein Stadthaus, ein großes Stadthaus.

Henning Scherf ist mittlerweile 82 Jahre alt, er war 27 Jahre lang Mitglied des Bremer Senats, als Finanz-, Bildungs-, Sozial- und Justizsenator, dann zehn Jahre lang Bürgermeister, bis er 2005 freiwillig aus dem Amt schied. Dass er sich aber zur Ruhe gesetzt hätte, lässt sich nicht wirklich sagen. Er hat neun eigene Enkelkinder und dann noch acht weitere. Zwei Pflegekinder, die seine jüngste Tochter aus einem Frauenhaus aufgenommen hat, dazu noch die Kinder

Tee zum Treffen mit Abstand: Auch MERIAN-Autor Nicol Ljubić, in Zagreb geborener Deutscher, hat eine spezielle Beziehung zu Bremen. Sein Abitur baute er nämlich in Henning Scherfs Heimatstadt

einer Nigerianerin, die Scherf und seine Frau in einem Flüchtlingsheim kennengelernt haben, und die seitdem Teil der Familie sind. Er hat diverse Ehrenämter, hält rund 200 Vorträge im Jahr, schreibt Bücher und preist, wo es nur geht, die Möglichkeiten im Alter an. Zusammen mit seiner Frau hat er sich früh für eine alternative Lebensform entschieden: Sie leben in einer Senioren-WG, zusammen mit neun weiteren Mitbewohnern. »Wir sind eine bunte Truppe«, sagt Scherf, und so liebevoll wie er über jeden und jede spricht, über Tim, Stephanie, Per, den kleinen Schreihals, Caroline, Manni, Klaus, Günther, Ursula und Ilse, glaubt man sofort, dass er sich in diesem Haus »pudelwohl« fühlt, wie er sagt. Sie leben eine Gemeinschaft, in der sich jeder um jeden kümmert, auch wenn das manchmal schmerzlich ist. Drei Mitbewohner sind in den vergangenen Jahren verstorben, einer von ihnen litt fast fünf Jahre an seinem Krebs, er sei immer weniger und weniger geworden, erzählt Scherf, »aber alle haben sich gekümmert und ihn nie alleine gelassen.«

Dieses Bedürfnis nach Gemeinschaft ist der Lebenserfahrung geschuldet, die Scherf schon als Kind gemacht hat. Er ist mit sechs Geschwistern in der Bremer Neustadt aufgewachsen, die Scherfs wurden von den Nazis bedroht, weil der Vater in der Bekennenden Kirche aktiv war, deswegen auch im

Dieselbe WG seit dreißig Jahren. »Noch nie ist einer aufgestanden und hat gesagt, jetzt reicht es mir«, sagt Henning Scherf

Gefängnis saß. Die Familie lebte mit der ständigen Angst, der Vater würde eines Tages abgeholt und ins KZ deportiert. Ohne die Großmutter im Haus hätten sie das alles nicht durchgestanden, vor allem als der Vater später auch noch in Kriegsgefangenschaft geriet. »Damals wurde mir klar«, sagt Scherf, »dass man in einer Gruppe sehr viel besser über die Runden kommt als allein.« Auch im späteren Leben hat er immer wieder in Wohngemeinschaften gelebt, Luise und er haben früh geheiratet, weil sie früh Eltern geworden sind, damals hätten sie überlegt, wie sie das hinbekommen als Studenten mit Kind im teuren Hamburg und hätten 1960 ihre erste Wohngemeinschaft gegründet. Als dann Jahre später die drei Kinder aus dem Haus waren, Scherf und seine Frau Luise waren noch keine fünfzig, haben sie sich Gedanken über ihr weiteres Leben gemacht, bei Freunden herumgefragt und dann gemeinsam beschlossen, eine Wohngemeinschaft zu gründen.

Lange hatten sie nach einem passenden Haus gesucht, Luise träumte von einem Bauernhaus auf dem Marktplatz, Scherf lacht, »das war natürlich ein unmöglicher Wunsch«, sagt er, aber dann hätten sie ein renovierungsbedürftiges Stadthaus gefunden und es 1987 gekauft. Früher haben hier die Westhoffs gelebt, Clara Westhoff war Bildhauerin und die Frau von Rainer Maria Rilke, ihr Bruder Helmuth war Maler, beide haben bis in die 1950er Jahre in diesem Haus gewohnt. »Wenn man fantasieren will«, sagt Scherf, »kann man sich hier Rilke vorstellen, der durch diese Räume gegangen ist.« Und so, wie er das erzählt, mit einem Schmunzeln, wird klar, wie sehr ihm diese Vorstellung gefällt.

Gemeinsam mit einem Architekten haben sie das Haus damals umgebaut und etagenweise aufgeteilt. Scherf wollte eine große Gemeinschaftsküche, aber das fanden die anderen zu anstrengend. Jede Partei hat ein eigenes Bad, eine eigene Küche, gemeinsam teilen sie sich den Garten, Gästezimmer, Waschküche, Wein- und Fahrradkeller. Jeden Samstag frühstücken sie zusammen, immer abwechselnd in einer anderen Küche, sie machen gemeinsam Urlaub und Fahrradausflüge. Am Anfang hatte noch jeder ein eigenes Auto, mittlerweile sind es nur noch

zwei. Mit den Jahren, sagt Scherf, hätten sie ein Gespür bekommen für die richtige Nähe und Distanz, für ihre Launen und Schrulligkeiten. »Noch nie ist einer aufgestanden und hat gesagt: Jetzt reicht es mir, ich kann euch nicht mehr ertragen.«

Scherf spricht gern über die WG, weil sie für ihn eine Form des selbstbestimmten Lebens im Alter ist. Er empfängt auch Journalisten im Haus, unter der Prämisse allerdings, dass die Mitbewohner in Ruhe gelassen werden, sie wollen weder auf Fotos noch wollen sie interviewt werden.

Gegenüber liegt das St.-Remberti-Stift, die älteste Sozialeinrichtung des Senats, das erste Mal erwähnt im Jahr 1305. Dass Scherf und seine Mitbewohner ihr Haus für die WG gerade hier gefunden haben, ist Zufall, aber doch auch sinnbildlich. Hennig Scherf ist oft im Stift, er liest dort, manchmal feiert die WG dort, wenn der Platz im Haus nicht ausreicht. Sich umeinander kümmern – das ist für Scherf auch etwas Bremisches. Er erzählt von Franz Stapelfeldt, dem Chef der AG Weser, der während der Nazi-Zeit einige kommunistische Werftarbeiter aus dem KZ holte. Oder von der Ehefrau des damaligen Chefs von Haake-Beck und Becks, die 1934 der NSDAP geschrieben habe, sie bekäme von ihnen keine einzige Spende mehr, weil die Nazis gegen die Juden seien.

Sich kümmern und nicht allzu viele Worte darüber machen – das ist eine hanseatische Tradition, die auch das Amt des Bürgermeisters prägt. »Bremer Bürgermeister sind exotische Ministerpräsidenten«, sagt Scherf, »und das Exotische besteht darin, dass wir uns hier sehr viel bescheidener bewegen als die anderen, das erwarten die Menschen in Bremen auch von uns.« Henning Scherf war bekannt dafür, dass er als Bürgermeister immer mit dem Fahrrad unterwegs war. Er hatte keinen Dienstwagen und verzichtete auf Polizeischutz. Er war der Schrecken des Protokolls, weil er an keinem Passanten vorbeikam, ohne ein Schwätzchen zu halten, und so jeden Zeitplan durcheinanderbrachte. Auch als Bürgermeister war Scherf den Menschen zugewandt, die Tür zu seinem Büro stand stets offen, manchmal steckte er Bedürftigen Geld zu, er umarmte gern und wurde dafür von den Bremern auch geliebt. Ging er ins

Fußballstadion, stellte er sich in die Werder-Fankurve. Er muss selbst schmunzeln, als er erzählt, wie ihm Fans von ihrer Pizza anboten oder von ihrem Bier und Selfies mit ihm machten, was nicht ganz leicht ist bei seiner Größe von zwei Metern. Er sagt: »Ich bin mit dem Fahrrad durch die Stadt gefahren und habe manchmal gedacht, du kannst hier in jedes Haus reingehen und um Hilfe bitten oder einfach fragen, wie es geht.«

Bremen ist seine Stadt. Er ist hier geboren, aufgewachsen und der Stadt immer treu geblieben. Hätte er gewollt, hätte er als Landesvorsitzender der SPD ohne Mühe ein Bundestagsmandat haben können. Wollte er aber nicht. Für ihn war es eine schreckliche Vorstellung, die Woche über in Bonn herumzuhängen, während seine Kinder in Bremen sind. Zweimal gehörte er zum engeren Kandidaten-Kreis für die Wahl zum Bundespräsidenten. Seine Frau Luise war strikt dagegen, »das machen wir nicht«, sagte sie zu ihm, aber Scherf wusste, dass er so ein Amt nicht einfach ablehnen könnte. »Das sieht ja arrogant aus, wenn ich sage, Bundespräsident ist nicht das Richtige für mich.« Letztlich war er froh, dass es nie so weit kam und er in Bremen bleiben konnte.

Was die Stadt ausmacht? Scherf überlegt. Dann sagt er: »Es gibt in Bremen keinen einzigen Rolls-Royce, obwohl in Bremen überproportional viele Millionäre leben, wir sind nach Hamburg der Ort in der Bundesrepublik mit den meisten Millionären pro Einwohner. Die zeigen ihren Reichtum aber nicht. Ich kenne hier Leute, die sind Milliardäre und fahren mit dem Fahrrad.« Und noch etwas fällt ihm ein: In Bremen verlasse man sich nicht auf den Staat, sagt er, die Philharmonie, das Übersee-Museum, die Kunsthalle, das Focke-Museum, der Bürgerpark, die Kammerphilharmonie, das seien alles Vereine. Denn auch das ist eine Bremer Tradition. Bremen ist nach Hamburg der Ort mit den meisten Stiftungen in der Bundesrepublik. »Wir Bremer wollen nicht nur meckern«, sagt Scherf, »wir packen mit an.« Und so wie er das sagt, trifft es auch auf ihn und seine Art des Zusammenlebens zu. Wahrscheinlich ist Henning Scherf auch in diesem Sinne ein waschechter Bremer und seine WG ein gutes Beispiel für Bremer Eigeninitiative.

Was die Menschen in dieser Stadt ausmacht? »Wir Bremer wollen nicht nur meckern, wir packen mit an«, sagt Henning Scherf

ALEXANDER BOMMES
Exklusiv fotografiert
für HÖRZU

Einer, der HÖRZU zu Hause hat

Von der Weser an den Äquator: Eine Ariane-5-Rakete startet mit norddeutscher Technologie an Bord vom Weltraumbahnhof in Französisch-Guayana. Die Oberstufe ihres Nachfolgers, der Ariane 6, wird ebenfalls in Bremen gebaut (links)

RAUMFAHRT Ausgerechnet die Hafenstadt Bremen ist ein Sprungbrett ins Weltall. Hier wird in der Schwerelosigkeit geforscht und mit der NASA hart daran gearbeitet, den Menschen zurück zum Mond zu bringen

Bereit zum Abheben

TEXT **KALLE HARBERG**

Einen Countdown gibt es nicht. Die beiden Wissenschaftler im kleinen Kontrollzentrum des Zentrums für Angewandte Raumfahrttechnologie und Mikrogravitation, kurz ZARM, die an diesem Morgen vor der Wand aus Computermonitoren sitzen, geben selbst das Startsignal. Go! Sofort sehen sie auf einem Live-Feed, wie die Kapsel mit ihrem Experiment durch eine 120 Meter lange Röhre gen Erde rast. Eins, zwei, drei, vier – genau 4,74 Sekunden schießt die Kapsel durch den luftleeren Raum, bis sie in ein mit Styroporkugeln gefülltes Becken taucht. »So kurz«, sagt Christian Eigenbrod. Und doch lang genug.

Eigenbrod ist am ZARM wissenschaftlich-technischer Leiter im Bereich Verbrennungsforschung und war einer der Ingenieure des Fallturms, der seit 1990 wie eine Rakete über den Campus der Universität Bremen ragt. Die wird zwar niemals Richtung Weltraum starten, bietet aber ähnliche Bedingungen: 18 Hochleistungspumpen sorgen dafür, dass in der Röhre im Innern des Turms ein Vakuum entsteht.

Während sie gen Boden fällt, herrscht in der zweieinhalb Meter langen Kapsel, in der die Experimente durchgeführt werden, für knapp fünf Sekunden nur ein Millionstel der Erdanziehungskraft. Oder in anderen Worten: Schwerelosigkeit. Wird die Kapsel nicht von der Spitze fallen gelassen, sondern von einem in den Boden gelassenen Katapult zunächst in die Höhe geschossen, verdoppelt sich die Zeit nahezu auf 9,3 Sekunden. Man könne Bäumen in dieser Spanne zwar nicht beim Wurzelschlagen zugucken, vergleicht Eigenbrod die relativ kurze Experimentdauer, aber zumindest die Zellen der Pflanze beobachten. »Es ist eine Frage des Skalierens.«

Der Bremer Fallturm ist in Europa einmalig, nur in den USA und China finden sich Labore, die auf der Erde ähnlich lange Experimente in Schwerelosigkeit ermöglichen. Der Turm ist das Flaggschiff des ZARM und einer der Gründe, warum gerade die Hafenstadt als einer der wichtigsten Standorte der europäischen Raumfahrt gilt. Rund 12 000 Bremer arbeiten und forschen in den 140 Unternehmen und 20 Instituten

Wie durch einen Riss im Raum-Zeit-Kontinuum ist eine Röhre Weltraum auf dem Campus gelandet und ragt in den Himmel über Bremen

des Sektors, darunter große Namen wie das Deutsche Zentrum für Luft- und Raumfahrt, das hier einen Standort hat, oder eben das ZARM. Wissenschaftler kommen aus der ganzen Welt, um am Fallturm in so unterschiedlichen Forschungsgebieten wie Strömungsmechanik, Biotechnologie oder Kristallzucht mit der Schwerelosigkeit zu experimentieren. Kometen-Landegeräte werden genauso getestet wie das Verbrennungsverhalten in der Raumfahrt verwendeter Materialien – Christian Eigenbrods Fachgebiet – oder die fundamentalen Gesetze der Physik. Die Wissenschaftler, die gerade im Kontrollzentrum sitzen, untersuchen Bose-Einstein-Kondensate, erklärt Eigenbrod. Der äußerst fragile Aggregatzustand tritt in Temperaturen knapp über dem absoluten Nullpunkt bei -273 Grad Celsius auf und könnte dabei helfen, das rätselhafte Zusammenspiel zwischen Quantenmaterie und Gravitation zu erklären. »Sehr kompliziert«, gibt selbst der 64-jährige Ingenieur zu.

Wie sich nicht nur Teilchen in solchen Temperaturen verhalten, sondern wie Menschen in den extremen Bedingungen des Weltalls leben könnten, wird in der Nachbarhalle des Fallturms getestet. Dort steht Christiane Heinicke in einem fast sieben Meter hohen Zylinder, der von außen an einen Getreidespeicher erinnert. Die 35-jährige Geophysikerin leitet am ZARM das Projekt MaMBA, kurz für Mars and Moon Base Analog, und entwirft ein Habitat, das auf dem Erdtrabanten oder dem Roten Planeten als Forschungsstation dienen könnte. Dieser Zylinder, der nur einen Durchmesser von rund fünf Metern hat, ist ein Modell des Labor-Moduls. Die Wände sind mit Schränken verkleidet, es gibt ein Mikroskop und einen 3-D-Drucker. Zwischen den Arbeitsflächen liegen drei Türen, die theoretisch zu weiteren Modulen des Habitats führen würden, rechts ginge es zum Gewächshaus und einem kleinen Fitnessstudio, links zur Werkstatt, die unabdinglich ist, »weil auf jeden Fall Sachen kaputt gehen, die repariert werden müssen«, sagt Heinicke. Auf der unteren Achse des Habitats, das in ihrer Vision aus sechs Modulen besteht, lägen der Schlafsaal, die Küche und ein Frei-

zeitraum. Sechs Astronauten könnten in solch einer Basis langfristig wohnen und arbeiten, sagt Heinicke, solange die einen Schutzschild gegen die Weltraumstrahlung bekäme. Ihr Favorit: eine künstlich angelegte Höhle um das Habitat. »Auf dem Mond gibt es genug Steine.«

Aber die Basis ist mehr als ein Survival-Camp. »Die Menschen sollen nicht einfach nur überleben«, macht Heinicke klar, »sondern wirklich in dem Habitat leben.« Wie wichtig es ist, dass sich Astronauten wohlfühlen, hat die Geophysikerin am eigenen Leib erlebt: Ein Jahr lang simulierte sie im Rahmen des von der NASA geförderten psychologischen Experiments HI-SEAS eine Expedition auf dem Mars. Zusammen mit fünf anderen Crew-Mitgliedern lebte Heinicke in einer Kuppel auf einem Vulkan in Hawaii, die nur im Raumanzug verlassen werden durfte. Die Erkenntnisse aus diesem Jahr ließ sie in ihr Habitat einfließen, trennte Arbeits- und Aufenthaltsräume, schuf Rückzugsmöglichkeiten. Während der Testphase des Labormoduls, als Wissenschaftler die Arbeitsbedingungen ausprobierten, wurde das Licht der Lampen den Tageszeiten auf der Erde nachempfunden, um eine natürlichere Atmosphäre zu erzeugen. Außerdem bekamen die Forscher eine künstliche Intelligenz an die Seite gestellt, getauft auf den Namen Marvin – nach dem depressiven Roboter des Sci-Fi-Klassikers »Per Anhalter durch die Galaxis«.

Heinickes Hoffnung ist, dass die hier in Bremen entwickelten Konzepte in den Bau einer Mondbasis einfließen. Schon in zehn Jahren könnte ein solches Habitat fertig sein, glaubt sie, realistisch werde es aber mindestens doppelt so lang dauern. Und wenn

Noch kurz die Spitze festschrauben,
bevor die Kapsel durch die nur
3,5 Meter breite Röhre des Fallturms
saust – an Bord eines von drei
Experimenten, die darin täglich
durchgeführt werden können

DAS KRAFTPAKET

Das European Service Module (ESM) wird ab 2021 im Orion-Projekt der NASA eingesetzt. Es ist durch einen Adapter mit dem Crew-Modul verbunden, besteht aus mehr als 20 000 Teilen sowie rund 12 Kilometer Kabel und erfüllt mehrere essenzielle Funktionen. Vier x-förmig angelegte Sonnensegel beliefern das Raumschiff mit so viel Strom, dass auf der Erde damit zwei Haushalte versorgt werden könnten. Außerdem dient das ESM als Antriebseinheit – 8,6 Tonnen Treibstoff strömen zum Haupttriebwerk und zu 32 Korrekturdüsen. Vor dem Wiedereintritt in die Erdatmosphäre löst sich das ESM vom Crew-Modul und verglüht.

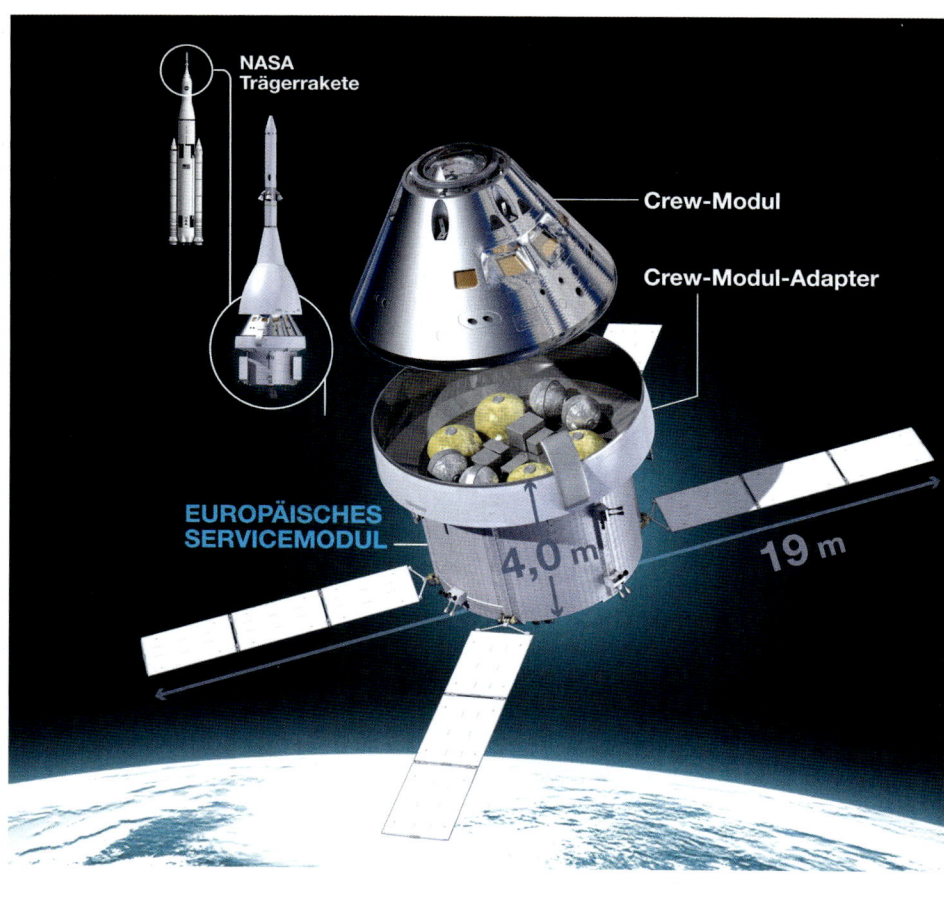

Abschlussprüfung bestanden! Im Testzentrum der NASA in Sandusky, Ohio, wurde das ESM auf Herz und Nieren geprüft, indem man es etwa mit dem Lärm von 20 Flugzeugtriebwerken beim Start ordentlich durchrüttelte

sie den Anruf bekäme, ob sie mit nach oben wolle, um den Bau voranzutreiben – wie schnell würde sie ja sagen? »Schnell«, sagt Heinicke und lacht.

Forschungseinrichtungen wie das ZARM sind die eine Stütze des Raumfahrtstandorts Bremen, die Industrie ist die andere. Die beiden Big Player sind Airbus und die mit dem internationalen Konzern verwandte Ariane Group, die im Auftrag der Europäischen Weltraumorganisation seit 2015 die Oberstufe der Trägerrakete Ariane 6 entwickelt. Die Ariane 5, für die ebenfalls Komponenten in Bremen gebaut wurden, und ihre Vorgänger haben rund die Hälfte aller kommerziellen Satelliten in die Erdumlaufbahn befördert. An der Ariane 6 wird nun in einer komplett neuen Halle am Bremer Flughafen gearbeitet, durch die automatisierte Transporter fahren und die Angestellte wie Produktionsingenieur Max Reinhardt teils nur mit Kittel, Überschuhen und Haarnetz betreten werden dürfen – selbst ein einzelnes Haar könne in den extremen Bedingungen des Weltalls scharf wie eine Nadel werden, erklärt Reinhardt. Die Oberstufe sei die »komplexeste Herausforderung« der Rakete, sagt er, mit ihrem neuen wiederzündbaren Triebwerk könne sie Satelliten, aber auch riesige Teleskope in gleich drei verschiedenen Orbits aussetzen, angetrieben von zwei Tanks mit flüssigem Wasserstoff und flüssigem Sauerstoff, deren Hüllen im Maßstab dünner seien als die einer Cola-Dose. Gerade wurde die erste hier hergestellte Oberstufe ins Testzentrum gebracht, bereits im Frühjahr 2022 könnte die Ariane 6 vom Weltraumbahnhof in Kourou in Französisch-Guayana ins Weltall starten.

Derweil arbeitet Airbus Defense and Space in einer anderen Halle des Flughafens daran, den Mensch zurück zum Mond zu bringen. Die Bremer Sparte des Konzerns entwickelt für das NASA-Raumschiff Orion das sogenannte European Service Module, kurz ESM. Oder wie Chefingenieur Matthias Gronowski es nennt: »das Powerhouse vom gesamten Spacecraft«. Den Titel hat sich das ESM durchaus verdient, seine vier Solarpanele werden das Raumschiff mit Strom beliefern, außerdem beherbergt es das Thermalsystem, das die Astronauten auch bei -180 Grad Celsius auf der dunklen Seite des Mondes warm hält, und obendrein versorgt es die Crew noch mit Sauerstoff und Wasser.

Es ist das erste Mal, dass die NASA den Bauauftrag für eine derart essenzielle Komponente an einen europäischen Partner vergeben hat. Aber das sei das Ergebnis der Expertise, die sich hier über die Jahre angehäuft habe, erklärt Gronowski. Schon das SpaceLab für die Shuttles, der Weltraumfrachter ATV und das Columbus-Labor für die Internationale Raumstation wurden von Airbus in Bremen entwickelt. Das erste ESM ist bereits fertig, noch im Herbst 2021 soll es bei der ersten Mission des Artemis-Programms einen unbemannten Testflug um den Mond absolvieren. Gronowski wird den Start zusammen mit den Kollegen der NASA im Kennedy Space Center in Florida verfolgen und danach die Leistung des Moduls im Kontrollzentrum in Houston genau überwachen.

Jetzt aber schaut Gronowski durch eine Fensterfront über die Integrationshalle. Darin wird gerade an zwei weiteren ESM geschraubt: Das eine wird während Artemis II zum ersten Mal von einer Mannschaft geflogen werden, das andere existiert erst in Rohform. Da werden jetzt Kabel reingezogen, erklärt der 50-jährige Ingenieur, das Rohrnetz eingebaut und elektrische Komponenten integriert. Von einem fahlen blauen Licht angestrahlt, sieht die Grundstruktur sehr futuristisch aus – und noch sehr unfertig. Aber sie wird Geschichte schreiben. Dieses Modul soll voraussichtlich 2024 in der dritten Artemis-Mission eingesetzt werden, bei der zum ersten Mal seit dem Apollo-Programm Menschen auf dem Mond landen werden. Drei weitere ESM hat die NASA bereits bei Airbus bestellt, sie könnten möglicherweise noch weiter ins Weltall vorstoßen. Bis zum Mars werde es nicht reichen, räumt Gronowski sofort ein, dafür bräuchte das Modul deutlich mehr Antrieb. »Richtung Mond, dafür passt es eigentlich perfekt.«

Immer der Reihe nach. Aber wenn Gronowski sich mit den Ingenieuren der NASA in Konferenzen berät, an denen oft auch Astronauten teilnehmen, dann muss er, der in der DDR mit Kosmonauten groß wurde und seine Leidenschaft für den Weltraum fand, als Sigmund Jähn 1978 als erster Deutscher ins Weltall flog, sich doch manchmal kneifen. Denn vielleicht sitzt auf der anderen Seite des Tisches ja genau der Mann oder die Frau, die mehr als ein halbes Jahrhundert nach Neil Armstrong wieder über die Mondoberfläche springen wird. »Wenn man sich vorstellt«, sagt er, »dass alles, was vor ein paar Jahren noch auf dem Papier stand, jetzt real wird und wir uns aufmachen Richtung Mond – einfach genial.« ◾

Die Bremer Touristik-Zentrale bietet eine Tour zum Thema Raumfahrt an, die durch das Airbus-Besucherzentrum führt, wo man etwa Modelle des Columbus-Labors oder des SpaceLabs begehen und sich selbst wie ein Astronaut fühlen kann. Einen Samstag im Monat gibt es auch im ZARM eine öffentliche Führung über den Fallturm, in dessen Spitze sich übrigens eine Panoramalounge befindet, die gemietet werden kann. Mehr Infos auf bremen.de und zarm.uni-bremen.de

Die große weite Welt

... wird im **Klimahaus Bremerhaven 8° Ost**
erlebbar, durch Eis, Wüste, Berge, Regenwälder und
Ozeane geht es einmal um den Globus. Dass das
Klima sich wandelt, schwingt mit, ein Besuch mit der
Familie macht dennoch vor allem eins: viel Spaß!

TEXT **TINKA DIPPEL** FOTOS **ISABELA PACINI**

Hier ein Raum,
in der Antarktis rund
achtmal so groß
wie Deutschland:
Königin-Maud-Land.
Wer nicht nur kurz
durch die Eiswelt
huschen will, sollte
Mütze und Jacke
dabei haben

Eintauchen in den Pazifik: Vor diesem Fenster in der Unterwasserwelt bietet das Klimahaus auch »Dinner in der Tiefsee« an

Symbolisiert die nächtliche Fahrt mit dem Schiff von der Antarktis über den Pazifik bis nach Samoa: der Gang unter dem Sternenhimmel der Südhalbkugel

Neue Perspektiven: Den Lebensraum auf der Insel Sardinien erleben Besucher angesichts haushoher Grashalme gefühlt auf Insektengröße geschrumpft

ir bleiben hier!« Wäre es nach unseren Kindern gegangen, säßen sie wohl jetzt noch in der Südsee. Ihr Lieblingsplatz war ein kleines Holzboot, von dort beobachteten die beiden zwei Rochen, die neben dem Boot im Wasser schwammen, und ließen ihre Füße auf der anderen Bootsseite in den butterweichen Sand baumeln. Es war T-Shirt-warm, und für sie hätte es einfach so bleiben können. Aber dies war kein Urlaub, es war eine Reise vom an diesem Wintertag windigen und nassen Bremerhaven einmal um den Globus. Und das Inselreich Samoa, hier bestehend aus einem gemalten Meer-Horizont, einem Fale genannten luftigen Holzhaus, einer Kirche und jenem Boot am Strand, war nur eine von neun Stationen auf dieser Weltreise.

Dass die einige Stunden dauern wird, ahnen wir schon, als wir am Abend vorher im Sonnenuntergang durch die Havenwelten spazieren, jenes Viertel, in dem Bremerhaven nach der Jahrtausendwende neu erfunden wurde. Mittendrin liegt das Klimahaus, wie ein riesengroßes Gummiboot mit transparenter Hülle, die tagsüber den Himmel reflektiert. »Eine Arena«, ruft unser siebenjähriger Sohn, und tatsächlich ähnelt diese Konstruktion ein klein wenig dem Stadion des FC Bayern München. Als die Sonne sich verabschiedet hat, funkelt die Hülle durch 1865 LEDs. Sie besteht aus etwa 4700 Scheiben, von denen kaum eine wie die andere ist. Ein solches Gebilde

schlicht »Klimahaus« zu nennen, schürt zu kleine Erwartungen, andererseits ist mir sympathisch, dass sie ihm hier gerade keinen Wortzirkus wie »Erlebnisarena« aufstülpen.

Die Hülle umschließt eine Innenkonstruktion aus Beton, die wir am nächsten Tag gleich um zehn Uhr morgens betreten: mein Freund Matthias, ich und unsere zwei Kinder – Matthias' 14-jähriger und unser siebenjähriger Sohn. Vor Jahren haben wir das schon einmal versucht, damals war der Kleine noch keine zwei Jahre alt und mit den mehr als 11 000 Quadratmetern Ausstellungsfläche überfordert – vor allem mit dem, was auf diesen 11 000 Quadratmetern passiert. Denn auch das Wort »Ausstellung« greift hier viel zu kurz.

Es riecht nach Wiesenkräutern gleich hinter dem Eingang, dann nach Dung. Wir sind in den Schweizer Bergen gelandet, Kuhglocken bimmeln, »Mama, die Kuh steckt fest«, ruft der Kleine. Aus der Wand ragt die Nachbildung einer Kuh, daneben steht ein Schemel, auf dem er Platz nimmt, um der Kuh an den Euter zu gehen und Wasser in einen bereitgestellten Eimer zu melken. Der Große hat schon die Fernrohre entdeckt, durch die er sich im Hochgebirge umsehen kann. Geräusch-, Geruchs- und Bergkulisse sollen uns auf die Biwaldalp im Isenthal versetzen.

Was die Besucher hier ins Isenthal führt und später weiter in die Südsee, ist der Längengrad 8° 34' Ost, auf dem das Klimahaus steht. Vor bald 20 Jahren, als es langsam Form annahm, entstand die Idee, diesem Längengrad

Architektur mit Strahlkraft: Um das Klimahaus und das dahinter aufragende »Atlantic Hotel Sail City« ist ein neues Viertel entstanden. Eine verglaste Fußgängerbrücke verbindet es mit Bremerhavens Innenstadt

Wie leben Bergbauern, Tuareg, Polarforscher? Hier kann es jeder an der eigenen Haut spüren

»Je suis une mer«, ich bin ein Meer: Gucklöcher in der Wand zeigen, wie sich jene Landschaft gewandelt hat, die heute in Niger liegt – von der See zur Wüste

VOR 110 MILLIONEN JAHREN   VOR 60.000 JAHREN   VOR 6.000 JAHREN   VOR 20 JAHREN

Größenvergleich im Isenthal: Unser Siebenjähriger misst seine Hände an denen der Bergbauern Hedy und Werner Infanger

Gewappnet für das nicht mehr ganz so ewige Eis: Im Original-Polarforscheranzug macht sich der 14-Jährige auf in die Antarktis

Einblicke in ein bedrohtes Südsee-Paradies: Samoa wird immer häufiger von tropischen Wirbelstürmen getroffen ...

einmal um den Erdball und damit durch unterschiedlichste Klimazonen zu folgen. Ein Mitarbeiter des Hauses namens Axel Werner war dafür mehrere Monate unterwegs und fand Orte, die er ohne diesen roten Faden wohl nie bereist hätte. Er traf Menschen, die er ohne diesen Auftrag niemals kennengelernt hätte: auf jener Biwaldalp in über 1500 Meter Höhe im Kanton Uri, auf Sardinien, in der Wüste von Niger, im Südwesten Kameruns, an der Neumayer-Station des Alfred-Wegener-Instituts in der Antarktis, auf Samoa, auf der Insel St. Lawrence in Alaska und auf der Hallig Langeneß.

All diese Orte liegen am Längengrad 8° 34' Ost, aber die Lebensbedingungen sind so unterschiedlich, dass man teils das Gefühl hat, auf einem anderen Planeten oder in einer anderen Zeit gelandet zu sein. Das ist es, was die Räume hier sehr gut veranschaulichen, und nicht nur das: Sie machen es, so gut das in Bremerhaven geht, erlebbar. In Niger wird es heiß und trocken, in Kamerun kann man sich im Urwald verlieren, für den Besuch der Antarktis sollte man Mütze und Jacke dabeihaben, auf Sardinien ändert sich die Perspektive: Die Besucher schrumpfen gefühlt angesichts haushoher Nachbildungen von Pflanzen und riesiger Insekten.

Die Menschen, die Axel Werner auf seiner Reise traf, die Bergbauern-Familie Infanger in der Schweiz, die damals zehnjährige Mariam in Niger, die Samoaner Vaniah und Foua Toloa und viele andere, erzählen in Filmen und an Hörstationen aus ihrem Leben. Axel Werner hat die meisten von ihnen zufällig getroffen, er suchte in Samoa eigentlich eine Tauchschule und in der Schweiz einen Bergführer. Während der Suche stieß er auf zwei Familien, die schon hier gewesen und dem Klimahaus bis heute verbunden sind.

Nun muss ich gestehen, dass diese Menschen und ihre Geschichten Matthias und mich durchaus, unsere Kinder aber nicht besonders interessierten. Sie hatten aber auch Konkurrenz, gegen die schwer anzukommen ist. »Guckt mal, die Schildkröten paaren sich gerade«, das fanden die beiden auf Sardinien am spannendsten, und das war in ihren Augen ein großer Vorteil gegenüber der Schweiz, denn »da waren die Tiere nicht so echt«. In einigen der nachgestellten Regionen sind sie es: Schlangen, Frösche, Spinnen, Insekten, Echsen und Fische – rund 1000 Tiere leben hier. Auch wenn das Klimahaus diesen Aspekt nicht allzu prominent vor sich her trägt: Es ist ein eingetragener Zoo.

Und zwar einer, der die Lebenswelten der Tiere möglichst nah an der Realität nachstellt: ein Saumriff in der Südsee oder die grün überwucherten Ufer eines Flusses in Kamerun. Dort, im afrikanischen Regenwald, hat sich der Chef der Klimahaus-Aquaristik die Lebenswelt der Fische angesehen, einige Tiere hat er auch mitgebracht. Andere werden unter wissenschaftlicher Aufsicht hier in

…und der Meeresspiegel steigt. Dennoch sind ein Boot und zwei Rochen genug, um die Kinder von Samoa als Sehnsuchtsort zu überzeugen

Per Wackelbrücke ans andere Ufer, über die Steine im Wasser zurück: Besucher erkunden eine Flusslandschaft wie in Kamerun und sehen dabei jede Menge Fische im Wasser schwimmen

Durchschnittliche Verweildauer rund vier Stunden: Schon die Eingangshalle gibt einen guten Eindruck von der Vielschichtigkeit des Klimahauses

HIER GEHT ES LOS

Bremerhaven großgezogen. Und wieder andere kommen als blinde Passagiere: Wenn zum Beispiel im nahe gelegenen Industriehafen aus einer Bananenkiste unbekannte Tiere krabbeln, werden sie zur Bestimmung hierhergebracht. Die Aufnahme solcher Tiere läuft hinter den Kulissen ab. Und verdeutlicht, dass das Klimahaus sehr viel mehr ist als ein Ausstellungshaus – für die Besucher auch, vor allem aber für die Stadt Bremerhaven, weil es mit ihr eine starke Wechselwirkung gibt.

»Als wir hier im Jahr 2000 angetreten sind, lag die Arbeitslosenquote bei über 20 Prozent«, erzählt Arne Dunker, von Anfang an dabei und seit vielen Jahren der Geschäftsführer des Klimahauses. Der Rückgang der Hochseefischerei, die Krise des Schiffbaus und der Abzug amerikanischer Soldaten nach dem Fall der Mauer hatten der Stadt wirtschaftlich stark zugesetzt. Um die touristische Infrastruktur zu fördern, gab es Mittel aus dem Länderfinanzausgleich, die ursprünglich dort, wo heute die Havenwelten liegen, in einen »Ocean Park« mit Aquarien, Fahrgeschäften, Freizeit- und Übernachtungsmöglichkeiten fließen sollten. Doch dieses Projekt stieß in der Stadt auf Widerstand und wurde nie umgesetzt.

Man hatte also noch die Mittel für eine touristische Ankerattraktion, aber keinen konkreten Plan, was das sein könnte«, erzählt Arne Dunker weiter. »Ich war damals bei einem Bremer Unternehmen, das vorher das Universum Science Center entwickelt hatte, und wir sollten einen Vorschlag machen. Auf das Thema Klima kamen wir, weil das Alfred-Wegener-Institut, eines der führenden Klimaforschungsinstitute der Welt, hier seinen Sitz hat. Dass wir den Zuschlag bekommen haben, war eine Riesenchance – für Bremerhaven und für das Thema Klima.« 770 Betonpfähle wurden gegossen, um das Klimahaus auf soliden Grund zu stellen, 464 davon als Energiepfähle, Techniken wie Photovoltaik und Absorptionskälte wurden eingebaut. Eröffnung war am 27. Juni 2009, seitdem hat sich die Investition für die Stadt längst ausgezahlt. Das Klimahaus hat nicht nur das Bild von der Welt belebt, sondern auch die Stimmung in Bremerhaven. Erstaunlich eigentlich, dass es weltweit noch kein zweites Haus nach diesem Muster gibt.

Die Reise ist und bleibt hier der rote Faden, der Klimawandel schwingt immer mit, oft aber eher unterschwellig. In der Schweiz geht es um den Rückgang der Gletscher, auf Sardinien um das Artensterben, in Niger um Dürre, in Kamerun um Wasserverschmutzung, in der Antarktis um einen schmelzenden Lebensraum, auf Samoa und Langeneß um den ansteigenden Meeresspiegel, in Alaska um die Erwärmung der Böden. Es geht aber auch einfach um Lebensumstände und regionale Besonderheiten, und die sind meist zum Anfassen und Mitma-

chen – wie das Melken der Kuh in der Schweiz oder das Trampolin in Alaska. Dort wird es genutzt, um bei der Jagd einen besseren Rundum-Blick zu haben. Hier wird das erklärt, das Hüpfen ist aber auch eine willkommene Abwechslung und eine der vielen Stationen auf dem gut einen Kilometer langen Rundweg, an denen unsere Kinder komplett die Zeit vergessen und sich einfach nur austoben.

Ob sie all die Hinweise auf den Klimawandel mitbekommen? Der 14-Jährige ja, der Siebenjährige zumindest einige. Als wir aus dem Regenwald kommen, wo der Boden weich ist und die Soundkulisse reich, stehen wir an einem breiten Baumstumpf, auf dem eine Projektion verdeutlicht, wie der weltweite Regenwald schrumpft. Da dreht er irgendwann ab und ruft laut: »Doofe Menschen!«

»Es kommen viele hierher, die sich für das Klima zunächst überhaupt nicht interessieren«, sagt Geschäftsführer Arne Dunker. »Sie wollen eine Reise um die Welt machen, in der Antarktis frieren und in Samoa schwitzen, am Strand spazieren und sich durch den Regenwald tasten. Dieses Konzept erlaubt es uns, Menschen für den Klimaschutz zu sensibilisieren, die bisher keinen Zugang zum Thema hatten.« Pro Jahr – ohne Pandemie – sind es durchschnittlich um die 500 000 Besucher. Und ein wenig habe die Erwartung an diesen Ort sich seit Fridays for Future verändert, meint Dunker. Das Haus sollte nie nur eine Besucherattraktion sein, sondern auch ein Forum. Lesungen, Podiumsdiskussionen und Besuche von Politikern haben hier immer schon stattgefunden. Jetzt sprechen sie damit aber eine breitere Masse an, und mehr Menschen suchen hier aktiv nach Antworten auf ihre Fragen zum Thema Klimawandel.

Was innerhalb der Hülle passiert, ändert sich. Bald wird ein Bereich sich speziell mit dem Thema Wetterextreme auseinandersetzen. Die Hörstationen werden durch Apps ergänzt, der wissenschaftliche Ausstellungsbereich »Die Perspektiven« wird neu gestaltet, das »Offshore Center« neu ausgerichtet. »Was die Möglichkeiten und Ideen angeht, sind wir noch lange nicht am Ende, auch was die Kommunikation des Themas Klima angeht«, sagt Dunker. »Jetzt geht's erst richtig los, weil unsere Zeit jetzt erst kommt.«

Die durchschnittliche Verweildauer von rund vier Stunden haben wir um zwei Stunden übertroffen. Und unsere Kinder waren am Ende weder besonders müde noch genervt. Wie fast alle Besucher gingen wir nicht, weil wir alles gesehen hatten, das World Future Lab streiften wir am Ende nur. Dort trifft man an Spielstationen Entscheidungen, die sich letztlich auf das Klima auswirken. Der Kleine erfand dort eine Flasche voll Licht, der Große rettete eine Insel.

Was nachwirkte in den Tagen nach unserem Besuch, war Samoa, da wollen unsere Kinder irgendwann hin. Fürs Erste, sagten sie, täte es aber auch ein weiteres Wochenende in Bremerhaven. ▪

Das Klimahaus Den größten Teil des Ausstellungsbereichs nimmt die Reise durch neun Stationen am Längengrad 8° 34′ Ost ein. Wie sich das Klima wandelt, veranschaulicht der Bereich »Die Perspektiven«, wie eigene Entscheidungen das Klima beeinflussen können, das World Future Lab. Eine Ausstellung zum Thema Wetterextreme ist in Planung. Schon jetzt buchbar ist die »Wettershow«, in der erklärt wird, wie sich der Klimawandel auf Extremwetterlagen auswirkt.
Bremerhaven, Am Längengrad 8
klimahaus-bremerhaven.de

48 STUNDEN IN

Bremerhaven

Der Filmproduzent und Fotograf Tim David Müller-Zitzke findet vor seiner Haustür Weite, einen grandiosen Architektur-Mix und eine Stadt, die wie Himmel und Meer immer in Bewegung ist

Bremerhaven ist ein großer Spielplatz für Unternehmer und Kreative, deshalb bin ich nach meinem Studium der Digitalen Medienproduktion geblieben und habe mich hier selbstständig gemacht. Die Stadt ist groß genug, um verrückte Dinge machen zu können, aber noch nicht komplett überflutet mit Menschen und Ideen. Man kommt hierher und kann einfach mal wieder durchatmen. Es gibt noch bezahlbaren Wohnraum und viele Marktlücken, alles ist dicht beisammen und alles auch nah am Wasser.

Und da beginnt mein Rundgang auch, am Hafenbecken, am fast 170 Jahre alten Leuchtturm aus Backstein, mit Blick auf die sehr viel jüngeren touristischen Highlights, die zusammen das Stadtviertel Havenwelten bilden: das Klimahaus, das Auswandererhaus, das alles in der Stadt überragende Atlantic Hotel Sail City (Tipp zum Hotel: die Aussichtsplattform in 86 Meter Höhe). Als ich 2013 hierherzog, waren Klimahaus und Hotel vor Kurzem eröffnet, die meisten Häuser daneben standen noch nicht.

Weiter geht es zum Deich, wo der kleinste Zoo Deutschlands seinen Platz hat: der Zoo am Meer. Ganz so winzig, wie er wirkt, ist er gar nicht, denn er erstreckt sich über mehrere Etagen, zu sehen gibt es Robben, Pinguine, Eisbären.

Hinter dem Zoo, direkt am Wasser, liegt der Willy-Brandt-Platz mit dem Auswandererdenkmal des Bildhauers Frank Varga: eine vierköpfige Familie aus Bronze, der Vater hat den Blick zum Horizont gerichtet. Sie stehen für die vielen Menschen, für die Bremerhaven das letzte Stück Deutschland war, bevor sie nach Amerika aufbrachen. Für mich stehen sie auch für die Stadt, denn es ist eine Stadt des Aufbruchs.

Klar, der Rückgang der Werften und der Fischindustrie, dazu der Abzug der Amerikaner, das hat Narben hinterlassen. Dafür ist der Tourismus immer mehr gewachsen. Ich kenne niemanden, der zum ersten Mal herkommt und nicht sagt: Wow, das hätte ich nicht erwartet. Allein die Sonnenuntergänge, die man hier vom Deich aus sieht! Jeder ist anders, das wird nie langweilig. Das Wetter ist selten eintönig, alle 20 Minuten sieht der Himmel anders aus. Und wir haben auch einen Stadtstrand, das Weser-Strandbad. Wenn du da liegst und ein Foto mit dem »Atlantic Sail City« machst, könnte man denken, du wärst in Dubai.

Passend dazu liegt gleich neben dem Hotel ein Shopping-Outlet und vor diesem wiederum eine große Freifläche. Die bespielt ein Freund von mir, der aus der Schweiz kommt: im Winter mit dem Chässtübli, einer Käsefondue-Hütte, und

Tim David Müller-Zitzke, 1994 in Kassel geboren, kam 2013 zum Studium der Digitalen Medienproduktion nach Bremerhaven, blieb und ist seither ein Motor der kreativen Szene in der Stadt. Für seinen Film »Projekt: Antarktis« reiste er mit zwei Freunden ans andere Ende der Welt. Davor arbeitete er an den visuellen Effekten des Hollywoodfilms »Independence Day: Wiederkehr«. www.timdavidartist.com

1+2| Füße im Sand, das alles in der Stadt über-
ragende »Atlantic Hotel Sail City« im Blick, Thunfisch-
Salat auf dem Teller: in der »Vinelis-Havenlounge«
3| Seit Herbst 2020 setzt die Lichtinstallation »Frame«
einen Teil des Deutschen Schifffahrtsmuseums in Szene

Das Meer und der nächste tolle Blick sind nie weit in dieser Stadt

im Sommer mit der Vinelis-Havenlounge, einer Beachbar mit Sand und Liegestüh- len. Das ist der neue Treffpunkt am Deich und bei schönem Wetter und wenn die Bedingungen es möglich ma- chen, rappelvoll.

Das spitze Dach, das daneben auf- ragt, gehört dem Deutschen Schifffahrts- museum, das ich auch sehr empfehlen kann. Die zeigen immer tolle Sonderaus- stellungen, 2020 war das etwa eine virtu- elle Forschungsreise mit der »Polarstern«. Das Schiff wird ja vom hier ansässigen Alfred-Wegener-Institut für Polar- und Meeresforschung betrieben, als es vor Kurzem wieder in die Antarktis ausge- laufen ist, standen alle am Deich und haben gewunken. Da war die Aufbruchs- stimmung wieder sehr präsent.

Selbst erleben kann man sie im Deut- schen Auswandererhaus, wo man inter- aktiv auf Reisen geht – mit der Identität einer Auswanderin oder eines Auswan- derers. Das Haus hat gerade einen gro- ßen Neubau bekommen, der noch 2021 eröffnen soll. Sein Nachbar ist das Hotel The Liberty, das eine tolle Rooftop-Bar hat. Von dort oben blickt man auf das Hafenbecken und kann dazu feine Getränke genießen.

Für ein gehobenes Mittagessen mag ich ein paar Häuser weiter das Pier 6. Da gibt es Scholle oder Braten, man sitzt schön draußen, über einem kreisen die Möwen. Oder ganz basic, aber auch lecker: Fisch und Pommes vom Kutter Klibfisch, einem Boot, das gegenüber vor dem Klimahaus vertäut ist. Guten Fisch – manchmal auch mit Live-Musik dazu – gibt es auch in der Letzten Kneipe vor New York. Die liegt in den Übersee- häfen, von denen man schon die Kräne sieht. Ich empfehle einen Trip in diese industrielle Ecke der Stadt sehr: Beson- ders nah kommt man dem Geschehen, indem man eine Hafenrundfahrt macht oder sich in den »Hafenbus« setzt. Da sieht man, wie manchmal Tausende Au- tos entladen werden, auch kleine Flug- zeuge und Landmaschinen, das ist eine tolle Kulisse! Mein Lieblingsort liegt kurz vor dem Industriehafen: der Pier Freilaufkanal. Wenn man dort bis ans Ende läuft, fühlt es sich an, als stehe man mitten im Wasser.

Und von da ist es nicht weit in ein ganz anderes Bremerhaven: in »Die Alte Bürger«, das Viertel, das im Zweiten Weltkrieg mit am wenigsten zerstört wur- de, wo in Altbauten viele Studenten woh- nen, wo es viele kleine Galerien, Läden und Kneipen gibt – vor allem entlang der Bürgermeister-Smidt-Straße. Leider habe ich es noch nie ins piccolo teatro ge- schafft, weil es, wie der Name schon sagt, klein und außerdem beliebt ist. Empfeh- len möchte ich es trotzdem. Und nur ein paar Häuser weiter: das Findus, das sich selbst »die gute Stube für Esskultur« nennt. Dort backen sie selbst und bieten vegane Speisen an. Man sitzt gemütlich, und es gibt eine kleine Bühne für Live-Musik.

Blickt man vom Wasser auf diese Häu- ser, sehen sie wenig einladend aus, und man würde solche netten Läden hier nicht vermuten. Und genau das ist eben sehr Bremerhaven: Wenn man hinter die Kulissen guckt, entdeckt man jede Menge tolle Orte.

Protokoll: Tinka Dippel

1

1│ Gute Drinks, spektakulärer Blick: in der Rooftop-Bar des Hotels »The Liberty« 2│ Verbindet die Havenwelten und den Fischereihafen durch eine rund 35-minütige Tour durch zwei Schleusen: das Wassertaxi »Lottjen« 3│ Szenen aus einer Zeit, als viele von Bremerhaven aus in ein neues Leben aufbrachen: im Deutschen Auswandererhaus 4│ Ein Eisbär mit dem Namen Lloyd und mächtig Hunger: im Zoo am Meer

2

3

An der Promenade

Stilvolle Möbel großer Designer wie Ray und Charles Eames schmücken dieses alte Patrizierhaus. 50 Zimmer hat das Designhotel »ÜberFluss«, einige davon mit Blick auf den Fluss – das Haus liegt direkt an der Weserpromenade.

Langenstr. 72/Schlachte 36
designhotel-ueberfluss.de

Über den Pötten

Das »Atlantic Hotel Sail City« mit seiner gebogenen Fassade hat sich zum Bremerhavener Wahrzeichen entwickelt. Für vier Euro kann jeder auf die Aussichtsplattform (s. S. 94) – wer den Blick über die Havenwelten und die großen Schiffe länger genießen will, gönnt sich eines der 120 Zimmer.

Am Strom 1, atlantic-hotels.de/
hotel-sail-city-bremerhaven

Beyoncés Bleibe und ein winziges Hochzeitshaus

Unsere Lieblingsunterkünfte haben ganz besondere Qualitäten: Mal ist es der Star-Faktor, mal die Romantik und dann natürlich der Blick aufs Wasser

BREMEN

Hotel Residence

Dieses gutbürgerliche Haus bietet wenig von dem Schnickschnack, den man in vielen Luxushotels findet, aber an der Rezeption hängen jede Menge Porträts von Künstlern, die sich nach ihren Auftritten in der Stadt trotzdem hier wohlfühlten. Es ist eine bunte Mischung, darunter Rapper Cro, Gottfried Fischer und – nur zwei Bilder links vom Chorleiter – Destiny's Child, die Band, mit der Superstar Beyoncé berühmt wurde. »Wir telefonieren ab und zu noch«, sagt Ulrich Straten, der das Hotel seit mehr als 30 Jahren führt. Kleiner Scherz seinerseits, aber: Was für Beyoncé gut genug ist, sollte auch für jeden Bremen-Besucher reichen. Das Haus hat 50 Zimmer verteilt auf drei Häuser, die in einer ruhigen Straße fünf Minuten Fußweg vom Hauptbahnhof entfernt liegen. Geräumig sind die Apartments im Nebenhaus, das einst einem Holzhändler gehörte – etwa das Zimmer »Green«, dessen mit Blättern übermalte Wand an einen Dschungel erinnert. Frühstück gibt's im hellen Erdgeschoss des Hauptgebäudes, das Anfang des 20. Jahrhunderts als typisches Bremer Haus entstand.

Hohenlohestr. 42, hotel-residence-bremen.de

Hotel Classico

Zentraler kann man in Bremen nicht wohnen: Das »Classico« liegt am Marktplatz gegenüber von Roland

Wer im »Boardinghouse« in Bremerhaven übernachtet, hat die Marina
vor der Haustür (links). Die Lage ist auch ein Trumpf des »Classico« (unten)
mit seinen schicken Zimmern – das Hotel liegt am Bremer Marktplatz

und Rathaus. 35 individuell eingerichtete Zimmer hat das 2006 eröffnete Boutique-Hotel, etwa die »White Suite« mit Dachterrasse, wo neben dem Bett ein etwas zu groß geratenes, historisches Hochzeitsporträt die Wand schmückt. Ein echter Vorteil des Vier-Sterne-Hotels ist das Kaffeehaus mit eigener Rösterei, einer Eismanufaktur und einem den ganzen Vormittag dauernden Frühstück. Um dort einzukehren, muss man nicht einmal Hotelgast sein.

Am Markt 17, classico-bremen.com

Hotel Achat

Das Vier-Sterne-Haus, gelegen in einer ruhigen Seitenstraße zwischen Bahnhof und Altstadt, verströmt den gehobenen Business-Charme vieler Hotelketten. Die 163 Zimmer teilen sich auf fünf Kategorien auf – vom Economy-Doppelzimmer bis zur Junior Suite, alle elegant und picobello eingerichtet, wenn auch ein wenig schnörkellos. Wobei klar ist: Das ist nörgeln auf hohem Niveau, denn eigentlich ist das »Achat« bestens für den kurzen Städtetrip geeignet – nicht zuletzt, weil es einige schöne Extras bietet: einen Wellness- und Fitnessbereich, eine kleine Bibliothek und ein lichtdurchflutetes Restaurant, in dem auch das Frühstück serviert wird.
Birkenstr. 15
achat-hotels.com/hotels/bremen-city

Hochzeitshaus

Als das »wahrscheinlich kleinste Hotel der Welt« bezeichnet sich dieses Haus vorsichtig, aber zumindest einen Platz in den Top Ten müsste diese Unterkunft in einer winzigen Gasse im Schnoor sicher haben: Nur 48 Quadratmeter ist das Hotel groß, das aus einer einzigen Wohnung besteht, die sich über drei Stockwerke zieht, eine eigene Küchenzeile und sogar einen Whirlpool im Badezimmer hat. Früher war das Bremer »Hochzeitshaus« eines von vielen, die Paaren vom Land, die sich in den Städten trauen ließen, eine Übernachtungsgelegenheit boten, bevor sie am nächsten Tag die Rückreise antraten. Das Haus hat also schon so einige Hochzeitsnächte gesehen und ist auch heute noch das wahrscheinlich romantischste Hotel der Stadt – wobei man das »wahrscheinlich« in diesem Fall auch ohne schlechtes Gewissen streichen könnte.
Wüstestätte 5, hochzeitshaus-bremen.de

BREMERHAVEN

Im-Jaich Boardinghouse und Hotel

Direkt neben dem alten Backstein-Leuchtturm an der Lloyd Marina, sprich in bester Bremerhaven-Lage, steht dieses Haus. Von jedem der Zimmer hat man einen schönen Blick auf die Boote und das Hafenbecken. Der Hafenmeister sitzt im selben Haus, Deich und Zoo liegen quasi vor der Tür, zum Klimahaus läuft man fünf Minuten. Die Zimmer sind modern eingerichtet, die Küchen in den Suiten gut ausgestattet. Und wer noch mehr Zimmerauswahl möchte: Über eine Fußgängerbrücke gelangt man zum »Im-Jaich Hotel«.

Boardinghouse: An Leuchtturm 1
Hotel: Am Neuen Hafen 19, im-jaich.de

Starke Stimme für starke Songs: Mit »Revolverheld« gehört Sänger Johannes Strate zu den erfolgreichsten Bands Deutschlands

»BREMER HABEN KEINE ANGST VOR SCHRÄGEN VÖGELN«

Johannes Strate, Frontmann der Band »Revolverheld«, über lange Nächte im »Viertel« und die Liebe zum Fußballclub seiner Heimatstadt

INTERVIEW
JOHANNES TESCHNER

MERIAN Lieber Johannes, wir, zwei gebürtige Bremer, wollen über die wunderschöne Stadt Bremen sprechen. Aber erstmal müssen wir dich outen: Du wohnst gar nicht mehr in Bremen, sondern in Hamburg – wie konnte das denn passieren?

JOHANNES STRATE Das hatte berufliche Gründe. Meine drei Bandkollegen sind alle Hamburger, wir proben immer in Hamburg, haben dort vor allem in der Anfangszeit mit Abstand die meisten Konzerte gespielt. Das ging dann irgendwann nicht mehr anders.

Also keine Flucht.

Überhaupt nicht. Bevor ich 2005 umgezogen bin, bin ich noch zwei Jahre gependelt und bestimmt 200 Mal mit dem Zug zwischen den Städten hin- und hergefahren. Das ging mit dem Studententicket zum Glück umsonst. Irrsinn eigentlich, wie viel Zeit ich damals im Zug verbracht habe. Aber ich habe so an Bremen gehangen.

Du hast mal gesagt, du spürst eine Ruhe im Herzen, wenn du nach Bremen kommst.

Das ist so. Ich bin noch alle paar Monate da. Ich muss mir nur einen Kaffee kaufen und durch die Straßen laufen – und schon bin ich entspannt.

Woran, glaubst du, liegt das?

Zum einen schlichtweg daran, dass Bremen eine vergleichsweise ruhige Stadt ist, nicht hektisch. Aber viel entscheidender für mich ist dieses ganz grundsätzliche Gefühl, zu Hause zu sein. Das liegt nicht nur am Ort, sondern auch an der Mentalität. Ich weiß bei Menschen gern, woran ich bin, und deswegen schätze ich sehr diese Bremer Art, recht unverblümt zu sagen, was man denkt. Das mache ich auch. Manchmal fühlen sich Leute dann auf den Schlips getreten, aber damit müssen sie dann vielleicht auch einfach leben. Die Bremer Direktheit, die mag ich.

Habe ich den richtigen Eindruck, dass viele Exil-Bremer wie du die Stadt auch nach langer Zeit noch im Herzen tragen?

Auf jeden Fall. Die Stadt gibt einem

ja auch viel, sie ist sehr grün, hat eindrucksvolle historische Viertel wie den Schnoor, eine lebendige Kunst- und Kneipenszene. Bremen ist einfach sehr lebenswert.

Wobei Bremen bundesweit ja nicht die ganz große Strahlkraft hat.

Leute, die Bremen nicht kennen, können damit oft nichts anfangen, das erlebe ich auch. Aber das ändert sich, wenn sie die Stadt wirklich kennenlernen. Menschen, die woanders herkommen und mal zwischendurch in Bremen gewohnt haben, sprechen meist gut über die Stadt. Denn Bremen ist zwar recht klein, aber als alte Seefahrer- und Handelsstadt trotzdem weltoffen – und macht es deswegen auch Neuankömmlingen einfach. Du findest hier vielleicht nicht wie in Köln an einem Abend zwanzig neue Freunde. Aber du wirst trotzdem aufgenommen und kannst dein Ding machen, ohne schief angeguckt zu werden. Die Bremer haben keine Angst vor schrägen Vögeln.

Diese Toleranz für Individualisten hast du, glaube ich, auch schon in Worpswede kennengelernt, wo du aufgewachsen bist. Das Dorf, rund 30 Kilometer nordöstlich von Bremen gelegen, ist bekannt als Hochburg für Künstler.

Ja, da war immer was los. Um mich herum viel Musik, meine Eltern sind ja auch Musiker. Die Jazzband meines Vaters hat im Wohnzimmer geprobt, meine Mutter am Klavier mit einer befreundeten Flötistin für Auftritte geübt. Und wenn ich mal genug hatte, bin ich nach oben zu den zwei Malern, die über uns wohnten, und habe über all die Farben und Leinwände gestaunt. Im Garten stand der Wohnwagen einer Freundin meiner Eltern, die dort mit ihren Kindern gewohnt hat, so ein bisschen hippiemäßig. Und einer unserer Nachbarn ging prinzipiell mit Anzug und Zylinder durchs Dorf.

Klingt wie das Klischee einer bunten Künstlerkolonie.

Aber genauso war es! Andererseits kam die Hälfte meiner Klassenkame-

Johannes Strate wurde 1980 in Bremen geboren und wuchs im nahe gelegenen Worpswede auf. Da seine Eltern beide Musiker sind und im heimischen Wohnzimmer probten, war er von früher Kindheit an täglich von Musik umgeben – und gründete mit 14 Jahren seine erste Band. Nach dem Zivildienst zog er zum Studium nach Bremen, wo ihm mit der 2002 gegründeten Band »Revolverheld« der Durchbruch gelang. 2014 gewann »Revolverheld« etwa den Bundesvision Song Contest und wurde bei den MTV Europe Music Awards als »Best German Act« ausgezeichnet, zuletzt erschien im Frühjahr 2021 ihre Feel-Good-Single »Abreißen«. Mehr Infos auf revolverheld.de

Während des Studiums hat Johannes Strate hier im »Viertel« gewohnt. An die vielen Kneipen und Clubs hat er beste Erinnerungen

raden aus Bauernfamilien. Jungs, die dann später den Hof übernommen haben. Bei denen habe ich in der Scheune gespielt und die Kühe angeguckt. Das ging in Worpswede super Hand in Hand, das Künstlerische und das Traditionelle, und ich habe das sehr genossen.

Zum Studium ging es dann nach Bremen.
In eine winzige Dachgeschosswohnung am Ostertorsteinweg, der wichtigsten Straße des Steintorviertels, in Bremen nur »das Viertel« genannt – das ist die Gegend für Kneipen, Cafés und Clubs. Da sind die Straßen voll, da spielt sich bei gutem Wetter viel draußen ab. Eine bessere Ecke gibt es nicht für die Studienzeit.

Viel gefeiert?
Sagen wir so: Ich verbinde mit einigen Bars und Clubs, die es übrigens auch heute noch gibt, schöne Erinnerungen. Das »Litfass«, meine Stammkneipe, war mein Wohnzimmer, da war ich eigentlich jeden Abend. Danach ging's dann oft weiter zur Happy Hour in die »Capri Bar«, Long Island Ice Tea, zwei zum Preis von einem, ganz klar. Die nächste Happy Hour war im

»Rum Bumper's« schräg gegenüber, das konnte man gut abpassen. Wenn Dienstag war, danach zum Studententag in den »Tower«, ein super Club, donnerstags in die »Lila Eule«, auch ein guter Club. Letzte Ausfahrt am Morgen war dann die Bar »Heartbreak Hotel«, wenn es noch sein musste.

Ah, ja …
Ja nun, ich war Anfang zwanzig, was erwartest du? Am nächsten Tag bin ich dann öfter auch mal nicht in die Uni gefahren. Aber noch wichtiger am Viertel als das Feiern ist, dass es wahnsinnig familiär und persönlich ist. Man tritt aus der Haustür und trifft sofort jemanden, den man kennt.

»DER BÜRGERPARK IST EIN BISSCHEN WIE DER CENTRAL PARK. NA JA, EINE NUMMER KLEINER«

Dann schnackt man, wie wir Bremer sagen. Man muss sich nicht verabreden, es sind eh alle da, und alles ist fußläufig. Das war für mich, der gerade von zu Hause ausgezogen war, echt schön – ich habe mich in dieser Stadtteilfamilie gleich wieder sehr gut aufgehoben gefühlt.

Das klingt so, als sei dein Aktionsradius eher begrenzt gewesen.
Das kann man wohl nicht anders sagen. Aber manchmal bin ich auch raus aus dem Viertel, bin mit dem Fahrrad zu Freunden in die Neustadt gefahren. Das ist ein Stadtteil auf der anderen Weserseite, der lange unterschätzt war, in den letzten Jahren aber aufgekommen ist. Oder ich bin zum Entspannen in den Bürgerpark. Der ist mitten in der Stadt und doch so groß, dass man richtig runterkommen kann. Wenn man da tief reingeht, hört man die Autos nicht mehr. So ein bisschen wie der Central Park in New York.

Steiler Vergleich.
Na ja, eine Nummer kleiner als der Central Park, aber irgendwie schon ähnlich. Und was auch richtig gut ist

Vier Jungs, sechs
Alben, jede Menge Hits:
Die Pop-Rock-Band
»Revolverheld« gibt es seit
fast zwanzig Jahren

im Bürgerpark: das Tiergehege mit Schafen, Enten, Schweinen und so. Super für Kinder, da gehe ich heute auch gern mit meinem Sohn hin.

Was kann man in Bremen noch gut machen mit Kindern?

Was ich toll finde: Bei gutem Wetter mit der Fähre auf die andere Weserseite zum »Café Sand« zu fahren, einem Restaurant direkt am Weserstrand. Dann können die Eltern im Liegestuhl relaxen, und die Kinder spielen im Sand. Herrlich!

Du bist ja ein Mann der Töne: Gibt es für dich ein Geräusch, das für Bremen steht?

Das Nebelhorn, das im Weserstadion ertönt, wenn Werder ein Tor geschossen hat.

Ein typisches Bremer Gericht, das du schätzt?

Die Stadionwurst.

Wir sind ganz offensichtlich bei Werder angekommen. Wichtiges Thema. Vielleicht muss man für Nicht-Bremer erstmal erklären, was Werder für Bremen bedeutet.

Wenn zwei Bremer sich treffen, fällt spätestens im dritten Satz das Wort Werder. Stadt und Verein sind untrennbar miteinander verknüpft. Sie passen auch gut zueinander, sind eher bodenständig, werden oft unterschätzt, strahlen aber, wenn man sie von Nahem betrachtet. Die Identifikation mit Werder ist jedenfalls groß.

Obwohl die Zeiten für Werder-Fans gerade nicht so rosig sind: In den letzten Spielzeiten fand sich der Verein oft weit unten in der Tabelle. Die Mannschaft stand schon mal besser da.

In den letzten Jahren war es viel Quälerei, darunter habe ich auch gelitten. Aber da hat man keine Wahl, da wird man reingeboren, mein Vater ist auch Werder-Fan. Werder gehört zu Bremen, das ändert sich auch in schlechten Zeiten nicht.

Was dabei auch eine Rolle spielt: Das Stadion liegt, anders als in vielen anderen Städten, sehr zentral.

Richtig. In München fährt man auf die Autobahn, und dann kommt irgendwann die Abfahrt zur Arena. In Mainz steht das Stadion irgendwo zwischen zwei Feldern. In Bremen aber trifft man sich vor dem Spiel im Viertel auf ein paar Bier, geht dann zu Fuß an die Weser, wo auch das Stadion ist. Nach dem Spiel geht's dann wieder ins Viertel. Zum Beispiel ins »Eisen«, eine legendäre Fußballkneipe. So ist Werder ein fester Bestandteil des städtischen Lebens.

2019 ist Werder 120 Jahre alt geworden und du hast auf der Feier die Vereinshymne »Das W auf dem Trikot« gespielt. Das war dann aber vermutlich nicht mit deinen Hamburger Bandkollegen?

Nein, das wäre nicht gegangen. Zwei von denen sind HSV-Mitglieder, die können sich nicht im Werder-Trikot auf die Bühne stellen. Das würde ich umgekehrt auch nicht machen.

Liebäugelst du denn mit einer Rückkehr nach Bremen, irgendwann mal?

Ich bin sehr zufrieden mit meiner Lebenssituation gerade. Aber es gibt ja im Viertel, gleich neben dem Ostertorsteinweg, so richtig schöne Seitenstraßen mit den typischen Bremer Reihenhäusern aus dem 19. Jahrhundert. Da bin ich in meiner Studentenzeit gern spazieren gegangen und habe mir des Öfteren gedacht: Hier irgendwann mal ein Haus, das wär's. Also, wer weiß – vielleicht kommt das ja noch. ■

1912

221 Herren haben sich zur Schaffermahlzeit im Haus Seefahrt in Bremen-Grohn versammelt. Das Essen ist bereits abgetragen, die Gläser sind noch – oder wieder – halb voll, die langen weißen Tonpfeifen gezückt. Es ist die 368. Schaffermahlzeit seit 1545 – dem Jahr, in dem Bremer Seeleute eine Stiftung gründeten, die sich um in Not geratene Kapitäne und ihre Frauen oder Witwen kümmert. 1912 ist das Schaffermahl, gefeiert als »Brudermahl« von Kaufleuten und Kapitänen, schon seit Jahrhunderten ein gesellschaftliches Event, bei dem die Stiftung »Haus Seefahrt« als Gastgeberin fungiert. Die Mehrheit der Versammelten könnte in den Jahren zuvor und danach auch dabei gewesen sein, für einige aber bleibt dieser Abend ein einmaliges Erlebnis. Sie sind Ehrengäste der See- und Kaufleute und dürfen nur ein einziges Mal in ihrem Leben teilnehmen. 1912 ist etwa Graf Zeppelin unter den derart Geehrten, er ist der Herr mit dem starken weißen Schnauzer, Sechster auf der rechten Seite des Tisches. Tradition ist alles beim Schaffermahl: Man trägt Frack oder Uniform, das Sechs-Gänge-Menü reicht von Bremer Hühnersuppe über Stockfisch bis zum Rigaer Butt. Zwischen den Gängen: zwölf Reden. Und der immergleiche Eröffnungssatz, mit dem der Schiffskoch früher die Mannschaft versammelte: »Schaffen, Schaffen unnen un boven, unnen un boven Schaffen!« – Essen fassen, an Deck und unter Deck, Essen fassen!

Tradition an langen Tafeln

Sechs Gänge und zwölf Reden in fünf Stunden: Seit 1545 treffen sich Bremer See- und Kaufleute zur **Schaffermahlzeit.** Die höchste Ehre: einmal im Leben als Gast dabei zu sein

2020

Am zweiten Freitag im Februar feiern Bremens Kauf- und Seeleute die 476. Schaffermahlzeit. Niemand ahnt wohl, dass sie im Jahr darauf ausfallen wird – zum ersten Mal in ihrer Geschichte. Seit 1952 treffen sich die See- und Kaufleute mit ihren Gästen nun in der oberen Halle des Rathauses. Und auch in die Runde der Teilnehmer kommt ganz langsam Bewegung, 2004 war mit einer Kapitänin die erste Frau überhaupt dabei, 2007 lud man mit Angela Merkel erstmals einen weiblichen Ehrengast ein. Alles andere ist geblieben: das Menü, die Reden, das Netzwerken, das Spendensammeln für die Stiftung und sogar die langen weißen Tonpfeifen – nach dem letzten Gang werden sie an die Gäste verteilt.

»DIESES UNENTWEGTE BRAUSEN«

Es trieb **Paula Modersohn-Becker** von Worpswede immer
wieder raus in die Welt. In der Künstlerkolonie bei Bremen kann man sich
dem Wirbelwind der Moderne bis heute trotzdem ganz nah fühlen

TEXT **KRISTINE BILKAU**

Efeu kriecht die Mauern hoch, der Eisengriff der niedrigen Holztür klemmt beim Öffnen. Ein Vorraum, eine kleine Küche, dann steht man im ehemaligen Atelier. Da ist das Oberlicht, das vor 120 Jahren aus dem Reetdach des Bauernhofs geschnitten wurde. Hier also, sind Hunderte von Bildern entstanden. Der Aufbruch in die Moderne. Er fand in einem kleinen Zimmer wie diesem statt.

Paula Modersohn-Beckers Atelier im Brünjeshof ist kein Museum, sondern eine Ferienwohnung. Wer hierherkommt, sucht nach einem Gefühl von Nähe zu der Künstlerin, die heute als Wegbereiterin der Moderne, als Pionierin des Expressionismus gilt. Man setzt sich aufs Sofa, trinkt Tee, zündet Kerzen an, schaut sich einen Band mit ihren Bildern an und begibt sich auf die Spur. »Paula«, wird sie im Gästebuch oft genannt. Wie eine Freundin. Doch je länger man sich mit ihr und Worpswede befasst, desto komplizierter wird es.

Paula Becker wird 1876 in Dresden geboren, wächst größtenteils in Bremen auf und kommt mit 21 Jahren das erste Mal in das Dorf. Sie hat Mal- und Zeichenunterricht in London und Berlin genommen. Ihr Bremer Elternhaus unterstützt sie. Das Licht über dem Moor, die Birkenhaine, die Landmenschen, die Künstlergemeinschaft, der Ort gefallen ihr. 1900 mietet sie das Zimmer im Brünjeshof. 1901 heiratet sie Otto Modersohn. Sie freundet sich an mit der Bildhauerin Clara Westhoff, dem Dichter Rainer Maria Rilke und dem Künstler Heinrich Vogeler. Der lädt sonntags auf seinen Barkenhoff, das bekannte weiße Haus mit der geschwungenen Treppe, einen kurzen Fußweg vom Brünjeshof entfernt. Dahinter erstreckt sich der Weyerberg. Damals bot die sandige Anhöhe einen weiten Blick über das Teufelsmoor. Heute ist sie ein bewaldeter Hügel mit verschlungenen Spazierwegen.

Ultramarinblau, Opalgrün, ein dunkelroter Streifen. Die Wandfarben im Atelier sind denen von damals nachempfunden. Darum gekümmert hat sich Philipp Uphoff, dessen Familie den Brünjeshof seit 1913 besitzt. Seine Schwester Sabine und er übernahmen das Haus 1990 und richteten die Ferienwohnung ein. Die Wandfarben, sie sind auf Modersohn-Beckers Arbeiten zu sehen. Auf dem Bild »Junges Mädchen mit gelben Blumen im Glas« von 1902. Oder dem »Stillleben mit Blattpflanze und Eierbecher« von 1905, die flächige Malweise mit starken Schnitten und dunklen Konturen verweist schon auf die Moderne.

Die Malerin ist oft im Dorf und in der Umgebung unterwegs, auf der Suche nach Motiven. Hinter dem Brünjeshof erstreckt

MÄDCHEN IM BIRKENWALD MIT KATZE

Schützend umarmt die junge Frau die Katze. Sie ist eine von scheinbar vier Personen,
die auf dem dunklen Ölgemälde von 1904, das wie so viele Gemälde der Künstlerin im Bremer
Paula Modersohn-Becker Museum hängt, an den Bäumen vorbeilaufen

Gedankenversunken sitzt Modersohn-Becker auf dieser um 1905 aufgenommenen Fotografie neben den Bildern in ihrem Worpsweder Atelier, das heute eine Ferienwohnung ist

AUF PAULAS SPUREN

Brünjeshof

Das ehemalige Atelier von Paula Modersohn-Becker wird heute als gemütliche Ferienwohnung genutzt. Der Atelierraum ist eingerichtet mit Sofa, Tisch und Doppelbett, dazu gibt es eine kleine Küche und ein Bad. Gartengestalter Philipp Uphoff kümmert sich um die Vermietung. Nur einen kurzen Fußweg entfernt befinden sich der Barkenhoff und der Weyerberg. Die Nacht gibt es für 58 Euro.
Ostendorfer Str. 25
worpswede-
ferienwohnung-paula.de

Barkenhoff

Das Haus von Heinrich und Martha Vogeler war ein beliebter Treffpunkt der Paare Modersohn-Becker und Rilke-Westhoff. Heute zeigt das Museum darin das vom Jugendstil beeinflusste Werk Heinrich Vogelers, der auch Möbel, Geschirr und Schmuck entwarf.
Ostendorfer Str. 10
worpswede-museen.de

sich ein großer Garten, fast ein Park. »Früher war das Weideland. Weiter unten lag das verwunschene Gelände einer stillgelegten Ziegelei. Da ist sie oft hingegangen«, erzählt Philipp Uphoff. Und dann spazierte sie weiter zu den Moorhöfen, auch bei Sturm und Regen.

»Sie war ein Wirbelwind. Sie hatte einen ungeheuren Bewegungsdrang. Körperlich und geistig«, sagt Karin Schick, Leiterin Klassische Moderne an der Hamburger Kunsthalle. »Auch deshalb geben viele ihrer Bilder Rätsel auf. Da ist diese lebhafte, ruhelose, getriebene Frau. Doch sie malt die Menschen in stillen Positionen. Ausharrend.« Sitzende, stehende, innehaltende Frauen und Mädchen. Umgeben von Blumen und Früchten, geschmückt mit Perlenketten oder Blumenkränzen. »Es ist, als würden sie sich innerlich auf etwas vorbereiten. Auf den Moment des Aufbruchs. Auf das, was vor ihnen liegt«, sagt Karin Schick.

»Ich bin ich und hoffe es immer zu werden«, schreibt Modersohn-Becker an Rilke, als sie mal wieder darüber nachdenkt, ob sie mit »Modersohn« oder »Becker« unterzeichnen soll, und sich fragt, wer sie eigentlich sein möchte, wohin sie gehört. »Etwas werden«, die Malerin kreist in Briefen und Tagebüchern immer wieder um dieses Verlangen. Worpswede wird zu eng. Ihre Kunst wird nicht verstanden. Bereits 1899 hat die Bremer Kunsthalle eine Auswahl ihrer Bilder ausgestellt. Der Kritiker Arthur Fitger, kein Freund moderner Einflüsse, schreibt einen Verriss mit geradezu maßloser Verachtung. Er spricht »Paula Boecker« (sic) jeglichos Talent ab

und legt ihr nahe, die Malerei zu lassen. Es trifft sie. Sie arbeitet weiter, aber zeigt nichts mehr. Wenn Besuch ins Atelier kommt, hängt sie ein Tuch über die Staffelei. Und sie geht nach Paris. Studiert dort an den Akademien, schaut sich Ausstellungen an. Cézanne und Gauguin interessieren sie. In der Worpsweder Szene dagegen entsteht immer weniger, das sie fasziniert. Mit den anderen dort tauscht sie sich kaum mehr aus. Außer mit Rilke und Westhoff – und die fahren ja selbst ständig nach Paris.

»Da muss eine große Zerrissenheit gewesen sein. Zwischen dem Drang, in die Welt zu gehen, Anregung und Anerkennung zu finden, und dem Bedürfnis nach Stabilität, Geborgenheit, Rückzug«, sagt Karin Schick. »Dazu kam, dass sie finanziell abhängig war und sozialen Druck spürte – die Erwartungen an sie als Tochter, Ehefrau und Stiefmutter von Modersohns Tochter Elsbeth.«

Trocken und nüchtern hält Modersohn-Becker ihre Situation fest: »Es ist meine Erfahrung, daß die Ehe nicht glücklicher macht. Dies schreibe ich in mein Küchenhaushaltebuch am Ostersonntag 1902, sitze in meiner Küche und koche Kalbsbraten.«

Vier Ostersonntage und zwei Paris-Aufenthalte später trennt sie sich von ihrem Mann. 1906 verlässt sie Worpswede, um dauerhaft in Paris zu leben. »Dieses unentwegte Brausen dem Ziele zu, das ist das Schönste im Leben. Dem kommt nichts anderes gleich. Daß ich für mich brause, immer, immerzu, nur manchmal ausruhend, um wieder dem Ziele nachzubrausen, das bitte ich Dich zu bedenken,

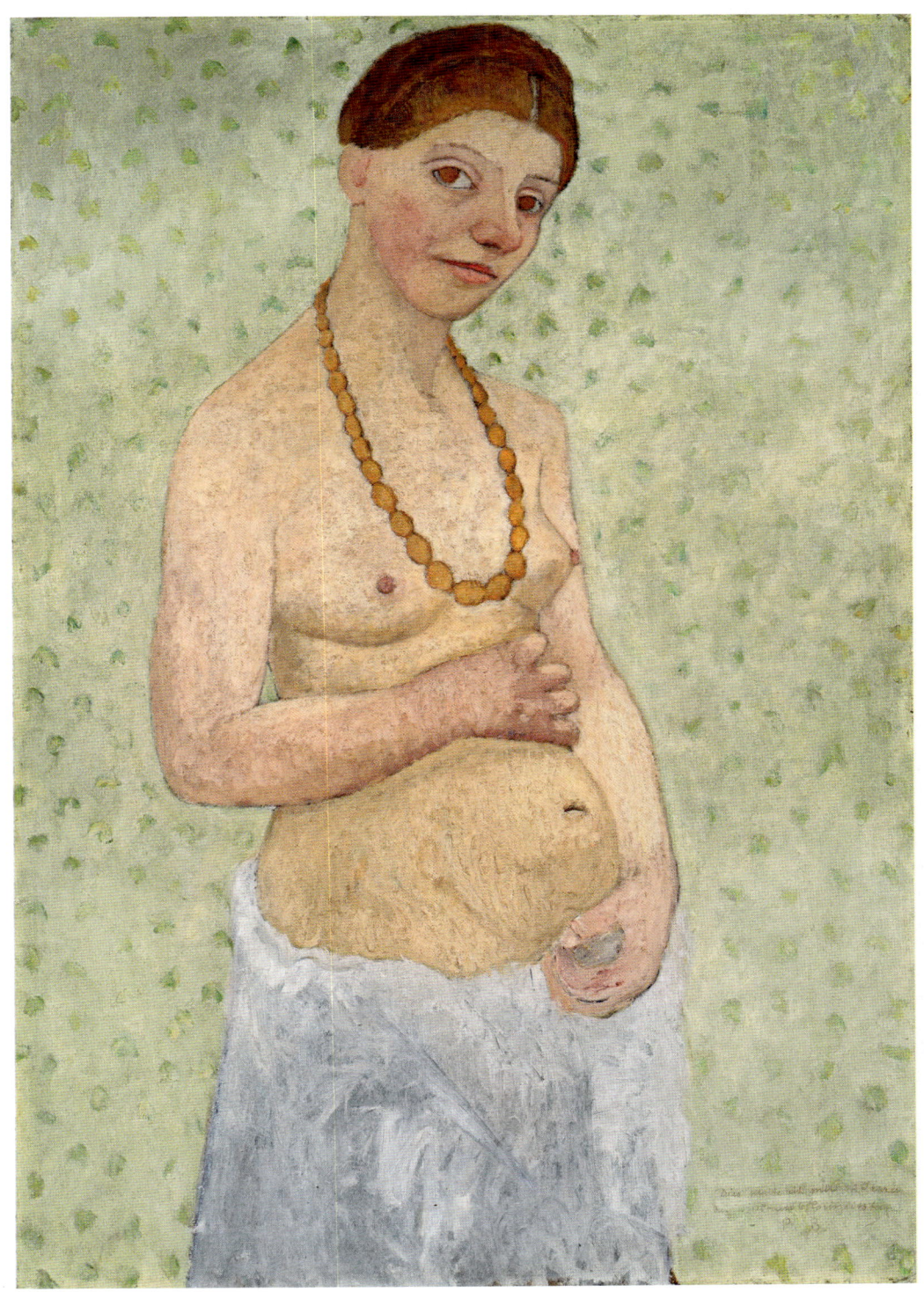

SELBSTBILDNIS AM 6. HOCHZEITSTAG

Der erste weibliche Selbstakt der Kunstgeschichte: In Paris, wo sie getrennt von ihrem Mann lebt, malt Modersohn-Becker 1906 dieses Bild. Weder ist sie zu diesem Zeitpunkt schwanger, noch sechs Jahre verheiratet. Erst 1907 trifft beides zu

ALTE ARMENHÄUSLERIN IM GARTEN MIT GLASKUGEL UND MOHNBLUMEN

Mutter Schröder, genannt »Dreebeen«, diente Modersohn-Becker häufiger als Modell.
Auf diesem Gemälde von 1907 sitzt die alte Frau inmitten eines blühenden Gartens, eine Blume
in den Händen haltend und bemüht um Körperspannung – für eine stolze Haltung

BIRKENSTAMM VOR LANDSCHAFT

Die Landschaft um Worpswede inspirierte Modersohn-
Becker genauso wie deren Bewohner. Immer wieder malte sie
die heimischen Birken, so wie auf diesem Gemälde von 1903

wenn ich manchmal liebearm erscheine«, schreibt sie vorher an ihre Mutter.

Ein intensives Jahr lang bleibt sie in der Metropole. »Sie ist mittendrin, sie studiert die Malerei von Cézanne und Gauguin, tauscht sich mit den Künstlern Henri Rousseau und Aristide Maillol aus«, erzählt Frank Schmidt, Leiter des Paula Modersohn-Becker Museums in Bremen. Das Haus zeigt seit April 2021 eine Sonderausstellung, die sich nur auf diese Phase konzentriert. »Modersohn-Becker war in der Pariser Kunstszene angekommen. Sie war Teil der Avantgarde, auch wenn ihre Bilder damals nicht wahrgenommen werden konnten. Das wollen wir zeigen.«

Eines ihrer wichtigsten Werke, »Selbstbildnis am 6. Hochzeitstag«, entsteht in dieser Phase. Das Selbstporträt als Akt lässt viele Deutungen zu. Mai 1906, Modersohn-Becker ist 30 Jahre alt, von ihrem Mann getrennt. Die Hände am gewölbten Bauch erinnern an die Geste einer Schwangeren. Doch ein Kind erwartet sie nicht. Ihr Ausdruck wirkt fragend, sich selbst erforschend. Wer bin ich, wer kann ich sein? Künstlerin, Mutter? Wie lässt sich das alles in Einklang bringen? Sie signiert das Bild mit P. B., Paula Becker, ohne Modersohn. Das Werk gilt als der erste weibliche Selbstakt überhaupt. Ein Meilenstein der Kunstgeschichte.

1907 versöhnt sie sich mit ihrem Mann. Er reist zu ihr nach Paris, sie wird schwanger, sie kehren nach Worpswede zurück. Das Ende wurde oft erzählt: Im November 1907 bringt sie ihre Tochter auf die Welt. Knapp drei Wochen später stirbt sie, 31 Jahre jung, an einer Embolie.

Nach einer Zeit der Trauer wird das Atelier im Brünjeshof aufgelöst. Hinter dem Raum befindet sich eine Kammer. Dort lagern die Bilder. Da sie nichts preisgegeben hat und keiner gefragt hat, kommt nun das große Staunen. Eine Fülle an Studien, Zeichnungen, Bildern, mit der niemand gerechnet hat. Insgesamt gehören etwa 750 Gemälde und 1800 Zeichnungen zum Nachlass. »Die Paula-Modersohn-Becker-Stiftung arbeitet seit Jahren an einem Werkverzeichnis der Handzeichnungen, das kurz vor dem Abschluss steht«, sagt Frank Schmidt. Er plant schon eine Ausstellung, die sich mit diesem weniger bekannten Teil ihrer Arbeit auseinandersetzt.

Seit einigen Jahren steigt international das Interesse an Modersohn-Becker. 2016 würdigte das Musée d'Art Moderne in Paris die Wahl-Pariserin mit einer spektakulären Einzelausstellung. Ein Jahr später nahm das MoMA New York ihr »Selbstbildnis mit zwei Blumen« in die Sammlung auf. Für 2024 ist eine Museumstournee in den USA geplant, die Neue Galerie New

Wohnhaus von Otto Modersohn und Paula Modersohn-Becker
Das kleine zweistöckige Haus stellt Werke der Modersohn-Beckers aus und vermittelt unter anderem durch das rekonstruierte Wohnzimmer einen Eindruck, wie die Familie gelebt hat. Im modernen Anbau ist eine umfangreiche Sammlung verschiedener Worpsweder Künstler zu sehen. Aktuell: Sonderausstellung »Paula in Worpswede – ein Frauenleben um 1900«.
Hembergstr. 19
museum-modersohn.com

Frauenorte Niedersachsen
Die Initiative »Frauenorte Niedersachsen« des niedersächsischen Landfrauenverbands widmet sich 2021 mit Ausstellungen und Veranstaltungen dem Ort Worpswede. Neben der Sonderausstellung im Wohnhaus wird es ein Begleitprogramm mit

KNABE AM WEG UNTER BIRKEN

Vielleicht ist es seine Mutter, die auf dem Feld arbeitet, während sich der Junge auf diesem Bild von 1900 eine Auszeit gönnt, sein Gesicht unkenntlich. Oder vielleicht ist er wie die Malerin auf einem ihrer unzähligen Spaziergänge einfach zufällig vorbeigekommen

Führungen, Lesungen und Filmvorstellungen rund um das Thema Künstlerinnen in Worpswede geben, etwa Outdoor-Präsentationen vor der Galerie Altes Rathaus.
frauenorte-niedersachsen.de

Paula Modersohn-Becker Museum
Das Museum in der Bremer Böttcherstraße (S. 44) wurde 1927 nach dem Entwurf des expressionistischen Künstlers und Architekten Bernhard Hoetger erbaut. Zur ständigen Sammlung gehören Bilder aus allen Schaffensperioden der Künstlerin. Zusätzlich finden Ausstellungen zu wechselnden Schwerpunkten statt, bis Anfang September z. B. »Avantgarde – Bernhard Hoetger und Paula Modersohn-Becker in Paris«.
Böttcherstr. 6
museen-boettcherstrasse.de

York wird Auftaktort sein. Eine umfassende Retrospektive soll es im Herbst 2021 außerdem in der Frankfurter Schirn geben.

In Worpswede, dagegen, wirkt es noch immer ein bisschen eng. Oben, am Fenster des Wohnhauses der Modersohn-Beckers, einem Museum, das neben Werken der Künstlerin eine Sammlung diverser Maler der Kolonie zeigt, stehen zwei lebensgroße Puppen. Das Ehepaar. Die Figuren wirken hier fast skurril. Zudem könnte die Auseinandersetzung mit der NS-Geschichte des Ortes etwas umfassender ausfallen. Da ist der romantische Blick auf die Landschaftsbilder, die viele Touristen so lieben. Und da ist die Zeit von 1933 bis 1945, in der viele dieser Landschaftsmaler, wie Koloniegründer Fritz Mackensen, mit dem NS-Regime sympathisierten und von den Verhältnissen profitierten. Zu diesem Kapitel gibt es Verweise, aber wenig Ausführliches. Dabei ist die Frage, wie sich die Idealisierung des »ehrlichen, einfachen« Landlebens mit nationalistischen Ideen vermischt, hochinteressant und Worpswede ein produktiver Ort für einen geschärften Blick auf das Thema.

Doch zurück ins Jahr 1907. »Ich sitze wieder in meinem kleinen Atelier bei Brünjes mit den grünen Wänden und unten hellblau. Ich gehe denselben Weg hierher wie in alten Zeiten und mir ist wunderlich zu Mute. Dies ist für mich die Liebste Stube aus meinem ganzen Leben«, schreibt Modersohn-Becker, zurück aus Paris, an Rilke. Sie scheint versöhnt mit ihrer Situation. Wenige Monate später klingt sie wieder ruhelos. »Ich warte immer, daß aus mir etwas wird, brauche wenig Menschen.« Es ist August, in drei Monaten kommt das Kind. Das »Brausen« gibt keine Ruhe.

Wie hätten sich ihr Leben und ihr Schaffen entwickelt? »Ich glaube, sie wäre in Worpswede geblieben, aber hätte es nur ausgehalten mit einem Paris-Aufenthalt jedes Jahr«, sagt Frank Schmidt. »1907 stand sie kurz vor dem Durchbruch, das zeichnete sich ab.«

Steht man im Vorgarten des Brünjeshof und schaut durch das Fenster, sieht man es förmlich vor sich, wie sie dort sitzt, an der Staffelei unter dem Oberlicht, das für sich schon ein Symbol ist. Für die Hoffnungen der Künstlerin. Für das Dasein zwischen Enge und Freiheit. Die Bauernstube, die durch eine Lücke im Reetdach erst zum Atelier wurde. Das Werk, verborgen in der Kammer, das von der Welt erst entdeckt werden musste. ◼

*Autorin **Kristine Bilkau** ist Modersohn-Becker schon lange verbunden – als Kind hatte sie eine Postkarte ihres Gemäldes »Mädchen im Garten« im Zimmer hängen.*

Für alle, die hart arbeiten, um anderen das Leben zu erleichtern. Die unermüdlich helfen und immer geben, ohne zu fordern.

Martin, Altenpfleger

FÜR EUCH. Bild

Kurz vor dem Tod kommt Bremen

Unser Kolumnist **Hans Zippert** begegnet an der Weser
nicht nur der berühmten musikalischen Viererbande,
sondern auch enthusiastischen Fans einer US-Boygroup,
die er nicht für tierisch gute Musiker hält

ILLUSTRATIONEN **P. M. HOFFMANN**

Jedes Kind kennt Bremen, nach Lönneberga und Bullerbü ist es der dritte Städtename, den ein ganz junger Mensch kennenlernt. Das liegt an den Stadtmusikanten. Vier ausgemusterte Tiere, die beschließen, ihr Glück als Musiker in Bremen zu suchen. Es sind prototypische Straßenmusiker, sie beherrschen eigentlich kein Instrument, trauen sich aber irgendwie zu, mit dieser Unfähigkeit Geld zu verdienen, weil das in Bremen anscheinend problemlos geht. »Etwas Besseres als den Tod findest Du überall«, sagt der Esel zum Hahn, und wenn man das sehr eng interpretiert, würde das bedeuten: Kurz vor dem Tod kommt Bremen. Die Viererbande schafft es aber noch nicht mal bis Bremen, sie nimmt unterwegs ein Räuberhaus in Besitz und »ihnen gefiels's so wohl darin, dass sie nicht wieder heraus wollten«. Dieses Haus soll in der Nähe von Brakel gestanden haben, was wiederum in der Nähe von Höxter liegt, und das hat mit Bremen schon gar nichts mehr zu tun. Im Gegensatz zu den tierischen Musikern ist es mir mehrfach gelungen, nach Bremen zu kommen, und ich habe dort jedes Mal, wie vom Esel prophezeit, etwas Besseres als den Tod gefunden. Ich musste auch nicht in einem Räuberhaus übernachten, sondern im

»Parkhotel«. Ein örtlicher Fernsehsender kam für die Logiskosten auf, und ich schaute jeden Abend ehrfurchtsvoll auf das Preisverzeichnis im Kleiderschrank, aus dem hervorging, dass eine Übernachtung 480 DM kostete. Die Klientel war gediegen und meist etwas älter, deshalb wunderte ich mich, als ich eines Tages das Foyer des »Parkhotels« voller 12- bis 15-jähriger Mädchen fand. Es waren wirklich unglaublich viele, und sie waren alle unglaublich aufgeregt, manche kurz vor der Hysterie. An der Rezeption klärte man mich auf. Die Backstreet Boys gastierten in der Stadt, und die Mädchen gingen davon aus, dass die Musiker im »Parkhotel« absteigen würden. Nicht alle, aber doch erstaunlich viele der jungen Damen hatten

An dieser Stelle schreiben unsere Kolumnisten in unregelmäßiger Folge über die Welt und wie sie ihnen begegnet. Diesmal der in Bielefeld geborene Satiriker und Schriftsteller Hans Zippert, der in jedes Bundesland reist, um Gipfel zu besteigen.

ebenfalls ein Zimmer in dem Luxus-Etablissement bezogen und zwar sowohl mit Erlaubnis als auch auf Kosten ihrer Eltern. Das pädagogische Konzept dahinter war mir schleierhaft. Hofften die Eltern, ihre Kinder würden durch den Anblick der Musiker von ihrem zweifelhaften Musikgeschmack kuriert werden oder wollten sie, dass die Töchter ihre ersten sexuellen Erfahrungen mit einer Boygroup erlebten? Jedenfalls war die Bar am Abend brechend voll, die Mädchen saßen vor halb gefüllten Wasser-

Etwas Besseres als den Tod findest Du überall!

und Colagläsern und schauten erwartungsvoll zum Eingang. Irgendwann betrat ein ziemlich unansehnlicher, verschwitzter, übergewichtiger Mann den Raum, und bei seinem Anblick erhob sich ein ohrenbetäubendes Kreischen. Der Mann ließ sich ein Bier geben, setzte sich ans Klavier und begann mit den ersten Takten eines Liedes, das die Mädchen sofort und textsicher anstimmten. Es folgten noch viele weitere, und irgendwie war es ein sehr schöner, zu Herzen gehender Moment. Der Barkeeper erklärte mir, das sei ein Roadie der Band, auf keinen Fall ein Backstreet Boy, aber das kümmerte die Mädchen nicht. Sie waren sich selbst genug und sangen laut, enthemmt und melodisch, bis die Bar den Betrieb einstellte. Dieses Erlebnis hatte natürlich einen stadtmusikalischen Bezug, aber ich will damit keineswegs andeuten, dass die Backstreet Boys tierisch gute Musiker waren.

Es dauerte tatsächlich über zwanzig Jahre, bis ich mit eigenen Augen das Denkmal der Stadtmusikanten sah, bis dahin hatte ich es nie bis in die Innenstadt geschafft, die Versorgungslage im Hotel war einfach zu gut. Das änderte sich, als ich vor drei Jahren am Bremer Hauptbahnhof zu einer spektakulären Expedition startete. Ich wollte als erster Ostwestfale den höchsten Berg Bremens besteigen, einen Gipfel, der meist etwas verschämt als »Erhebung im Friedehorstpark von 32,5 m Höhe« beschrieben wird. Ich fragte zunächst in der Touristen-Information nach dem schönsten Weg und stieß auf großes Unverständnis. Man überreichte mir stapelweise Prospekte von

wirklich guten und bewährten Sehenswürdigkeiten und wollte mich mit allen Mitteln von meinem Vorhaben abbringen. Und wenn es denn schon ein Bremer Berg sein müsse, dann solle ich doch die Deponie in Walle besuchen, wo sich ein Müllberg auf über 50 Meter Höhe auftürmt. Verwirrt taumelte ich auf die Straße und stand vor dem erstaunlich filigranen Stadtmusikanten-Denkmal. Plötzlich zweifelte ich an meinem Plan und fragte mich, ob ich auch diesmal etwas Besseres als den Tod in Bremen finden würde. Fünf Stunden lang durchquerte ich erstaunliche Kieze und Viertel, wie Gröpelingen, ein extrem lang gezogener Stadtteil, wo die Dönerkette einfach nicht abbrechen wollte. Irgendwann wurde die Bebauung doch noch lockerer. Abenteuerspielplätze, kleinere Teiche und Schrebergärten taten sich entlang der Grambker Heerstraße auf. Um Burglesum machte die Gegend einen wohlhabenden Eindruck, hier konnten sich die Menschen sogar einen Berg leisten. Direkt vor mir musste sich die höchste natürliche Bremer Erhebung befinden, die leider nicht gekennzeichnet war, weil sich die Stadt offensichtlich für ihren 3250 Zentimeter hohen Gipfel schämte. Im Gras entdeckte ich zwei Hunde, deren Ohren auf dem Boden schleiften. Weil nicht weit von den Bassets eine Katze durchs Unterholz schnürte und ich alter Esel mir einbildete, einen Hahn krähen gehört zu haben, war die Verbindung zu den Stadtmusikanten wiederhergestellt. Aber ob an dieser Stelle der höchste Berg Bremens gewesen ist, kann ich bis heute nicht mit Sicherheit sagen. ◾

IMPRESSUM

MERIAN

ERSCHEINT IM

EIN UNTERNEHMEN DER **GANSKE VERLAGSGRUPPE**

Chefredakteur	Hansjörg Falz
Stellvertretende Chefredakteurin	Kathrin Sander
Art Direction	Isa Johannsen
Chefin vom Dienst	Jasmin Wolf
Redaktion	Tinka Dippel, Kalle Harberg, Jonas Morgenthaler, Stefanie Plarre, Inka Schmeling, Ricarda Müterthies (Praktikantin); Mitarbeit: Hannes Lübcke
Bildredaktion	Violetta Bismor, Tanja Foley, Katharina Oesten (Leitung)
Layout	Inke Cron, Lena Glauche (stellv. AD), Tanja Schmidt
Redaktionsmanagement	Bodo Drazba (Ltg.)
www.merian.de	Jasmin Deiter
Assistenz der Chefredaktion	Lina Malin Lilischkies
Konzeption dieser Ausgabe	Kalle Harberg (Text), Katharina Oesten (Bild)
Autoren	Antonia Baum, Kristine Bilkau, Dennis Gastmann, Finn-Ole Heinrich, Thomas Pletzinger, Till Raether, Saša Stanišić, Ilija Trojanow, Hans Zippert
Verantwortlich für den red. Inhalt	Hansjörg Falz
Geschäftsführung	Thomas Ganske, Sebastian Ganske, Heiko Gregor (CEO), Peter Rensmann
Brand Owner/Verlagsleitung	Oliver Voß
Gesamtvertriebsleitung	Jörg-Michael Westerkamp (Zeitschriftenhandel), Thomas Voigtländer (Buchhandel)
Abovertriebsleitung	Christa Balcke
Leitung Leserreisen	Oliver Voß
Head of Sales	Helma Spieker (verantwortlich für Anzeigen), Tel. 040 2717-0
Senior Brand Manager	Henning Meyer, Tel. 040 2717-2496
Anzeigenstruktur	Corinna Plambeck-Rose, Tel. 040 2717-2237
Marketing Consultant	Alexander Grzegorzewski
Ihre Ansprechpartner vor Ort:	
Region Nord	Jörg Slama, Tel. +49 40 22859 2992, joerg.slama@jalag.de
Region West / Mitte	Michael Thiemann, Tel. +49 40 22859 2996, michael.thiemann@jalag.de
Region Südwest	Marco Janssen, Tel. +49 40 22859 2997, marco.janssen@jalag.de
Region Süd	Andrea Tappert, Tel. +49 40 22859 2998, andrea.tappert@jalag.de
Repräsentanzen Ausland:	
Belgien/Niederlande/Luxemburg	Mediawire International, Tel. +31 651 48 01 08, info@mediawire.nl
Frankreich/Monaco	Media Embassy International, Tel. +33 (0)6 03 92 09 15, info@media-embassy.fr
Großbritannien/Irland	Mercury Publicity Ltd., Tel. +44 7798 665 395, stefanie@mercury-publicity.com
Italien	Media & Service Inter national Srl, Tel. +39 02 48 00 61 93, info@it-mediaservice.com
Österreich	Michael Thiemann, Tel. +49 40 228 59 2996, michael.thiemann@jalag.de
Schweiz/Liechtenstein	Goldbach Publishing AG, Tel. +41 (0) 76 468 83 13, eva.favre@goldbach.com
Skandinavien	International Media Sales, Tel. +47 55 92 51 92, fgisdahl@mediasales.no
Spanien/Portugal	K. Media, Tel. +34 91 702 34 84, info@kmedianet.es

Die Premium Magazin Gruppe im Jahreszeiten Verlag
Gültige Anzeigenpreisliste: Nr. 10
Heft 07/2021 – Bremen. Erstverkaufstag dieser Ausgabe ist der 17.06.2021
MERIAN erscheint monatlich im Jahreszeiten Verlag GmbH, Harvestehuder Weg 42, 20149 Hamburg, Tel. 040 2717-0
Redaktion Tel. 040 2717-2600, E-Mail: redaktion@merian.de **Internet** www.merian.de
Abonnementvertrieb und Abonnementenbetreuung DPV Deutscher Pressevertrieb GmbH, Tel. 040 2103-1371, Fax -1372, www.dpv.de, E-Mail: leserservice-jalag@dpv.de
Vertrieb DPV Vertriebsservice GmbH, www.dpv-vertriebsservice.de
Litho K + R Medien GmbH, Darmstadt
Druck und Verarbeitung Walstead Kraków Sp. z o.o., Obrońców Modlina 11, 30-733 Krakau, Polen

Das vorliegende Heft Juli 2021 ist die 7. Nummer des 74. Jahrgangs. Diese Zeitschrift und die einzelnen Beiträge und Abbildungen sind urheberrechtlich geschützt. Jede Verwertung außerhalb der engen Grenzen des Urheberrechtsgesetzes bedarf der Zustimmung des Verlages. Keine Haftung für unverlangt eingesandte Manuskripte und Fotos.
Jahresabonnementspreis im Inland 99 €, für Studenten 49,50 € (inklusive Zustellung frei Haus). Der Bezugspreis enthält 7 % Mehrwertsteuer. Auslandspreise auf Nachfrage. Postgirokonto Hamburg 132 58 42 01 (BLZ 200 100 20) Commerzbank AG, Hamburg, Konto-Nr. 611657800 (BLZ 200 400 00). Führen in Lesemappen nur mit Genehmigung des Verlages. Printed in Germany ISBN 978-3-8342-3304-2, ISSN 0026-0029, MERIAN (USPS no. 011-458) is published monthly by JAHRESZEITEN VERLAG GMBH.

Weitere Titel der JAHRESZEITEN VERLAG GmbH: A&W ARCHITEKTUR & WOHNEN, CLEVER LEBEN, COUNTRY, DER FEINSCHMECKER, FOODIE, HOLIDAY, LAFER, MERIAN SCOUT, POLETTO, PRINZ, ROBB REPORT, SCHÖNER REISEN, WEIN GOURMET

Bildnachweis

Anordnung im Layout: o = oben, u = unten,
r = rechts, l = links, m = Mitte

Titel: Rainer Ganske/Adobe Stock; S.3o Volker Renner; S.4lo, u, S.4/5 Isabela Pacini, S.5ro Christina Körte; S.6 Tanja Foley, S.7lo Universum® Bremen, lm, r Christina Körte; S.8ro, lu Isabela Pacini; S.10l Christina Körte, r Hauke-Christian Dittrich/dpa/ picture alliance, S.11ro Frank Brüning, S.12lo Frank Pusch/WFB, ro, ru Christina Körte; S.13lo Tim Langlotz, ro Isabela Pacini, lm Visit Stockholm, rm Natalie Kriwy; S.14lo, 14/15 Urte Kortjohann, S.15u Violetta Bismor; S.16/17, 18/19, 20, 22/23, 24, 25, 28/29 Christina Körte, S.21, 26/27 Isabela Pacini; S.30 Heike Steinweg/Suhrkamp Verlag, S.31 Torsten Krüger; S.34-43 Isabela Pacini, S.34 © James Turrell, S.37rm © Franz Ackermann, S.38 © Maurizio Cattelan, S.39 © John Cage Trust, S.40/41 © Kehinde Wiley, S.41r © Sarah Morris, S.43u Pieter-Pan Rupprecht; S.44 Christina Körte, S.45l Gerhard-Marcks-Haus Bremen, S.45r Wilhelm Wagenfeld Stiftung; S.46-47, 50-51, 54-55 Christina Körte, S.48-49, 52-53 Isabela Pacini; S.56 Jürgen D. Schmidt (2), S.57ru Caro Tesfay; S.58/59 Illustration: Pia Bublies; S.60-70 Christina Körte, S.70o Tanja Foley; S.72-75 Isabela Pacini; S.78 Frank Thomas Koch/Hill Media GmbH, S.79 ArianeGroup, S.80, 81 Stefan Schmidbauer/ZARM, S.82o Airbus, u NASA/Rad Sinyak; S.84-92 Isabela Pacini; S.94 Isabela Pacini, S.95o, ru Tim David Müller-Zitzke, lu Hauke Dressler/DSM, S.97o Lennart Duden, lu Wolfhard Scheer, rm Ralph Wecks, ru Stefan Volk/Deutsches Auswandererhaus; S.98l im-jaich/Kristina Steiner; S.100, 103 Olaf Heine, S.102 Isabela Pacini, S.104 Staatsarchiv Bremen, S.105 Frank Thomas Koch; S.107, 109, 110, 111, 112o Museen Böttcherstraße, Paula Modersohn-Becker Museum, Bremen, S.108 Paula-Modersohn-Becker-Stiftung, S.112u Anna Mutter; S.114-115 P.M. Hoffmann; S.120 Christina Körte; S.122lo Hari Pulko/Lindau Tourismus, lu Torsten Sorger, ro Nora Bibel, ru Gänsicke/TMV

Kartenillustration: Jochen Schäfers
Karten: maps4news.com ©HERE

Foto-Syndication
Stockfood GmbH
Tumblingerstraße 32, 80337 München
Tel. 089 747202-90
E-Mail: willkommen@seasons.agency
www.seasons.agency

Redaktionsschluss
18. Mai 2021

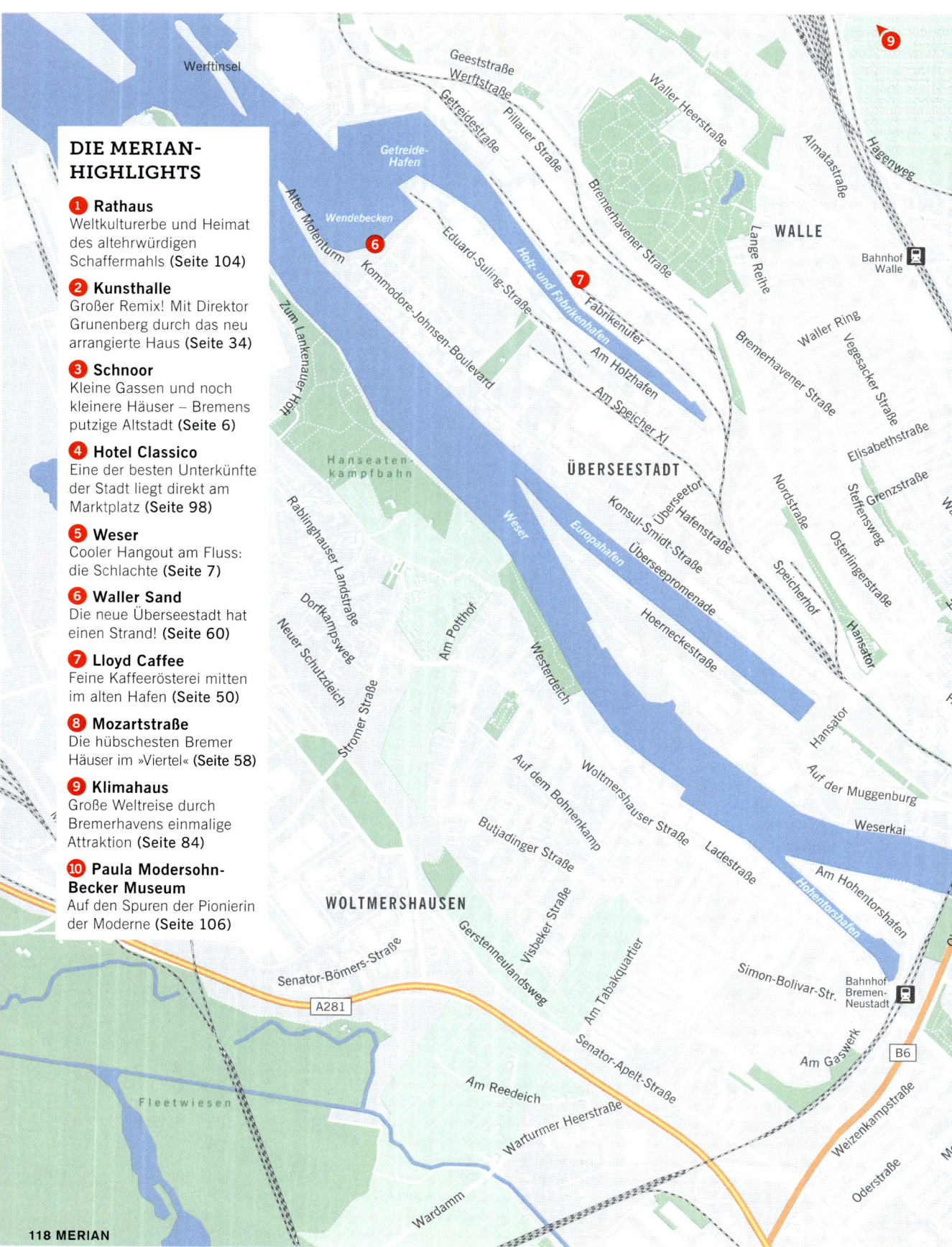

DIE MERIAN-HIGHLIGHTS

1 Rathaus
Weltkulturerbe und Heimat des altehrwürdigen Schaffermahls (Seite 104)

2 Kunsthalle
Großer Remix! Mit Direktor Grunenberg durch das neu arrangierte Haus (Seite 34)

3 Schnoor
Kleine Gassen und noch kleinere Häuser – Bremens putzige Altstadt (Seite 6)

4 Hotel Classico
Eine der besten Unterkünfte der Stadt liegt direkt am Marktplatz (Seite 98)

5 Weser
Cooler Hangout am Fluss: die Schlachte (Seite 7)

6 Waller Sand
Die neue Überseestadt hat einen Strand! (Seite 60)

7 Lloyd Caffee
Feine Kaffeerösterei mitten im alten Hafen (Seite 50)

8 Mozartstraße
Die hübschesten Bremer Häuser im »Viertel« (Seite 58)

9 Klimahaus
Große Weltreise durch Bremerhavens einmalige Attraktion (Seite 84)

10 Paula Modersohn-Becker Museum
Auf den Spuren der Pionierin der Moderne (Seite 106)

Adlerweg
Hohweg
Straubinger Straße
Rosenheimer Straße
sweg
Bayernstraße
B6
Salzburger Straße
Coburger Straße
Hochschulring
Stadtwaldsee
Uni Wildnis
Wiener Straße
Stadtwald
Wetterungsweg
Universitätsallee

rberger Ring
se
Nürnberger Straße
Utbremer Ring
Kissinger Straße
Augsburger Straße
Further Straße
Innsbrucker Straße
Hemmstraße
FINDORFF
Bürgerwohlsweg
Blumenweg
Utbremer Ring
Kasseler Straße
Rosendahlstraße
Findorffallee
Findorffallee
Kulenkampffallee
Busestraße
Crüsemannallee
Emmastraße
Klattenweg

Kohlenstraße
Utbremer Straße
wehrstraße
Münchener Straße
Kastanienstraße
Hemmstraße
Worpsweder Straße
Herbststraße
Winterstraße
Leipziger Straße
Neukirchstraße
Eickedorfer Straße
Am Weidedamm
Bürgerpark
Parkallee
Schwachhauser Ring
Hartwigstraße
H.-H.-Meier-Allee
SCHWACHHAUSEN

Str.
Findorffstraße
Theodor-Heuss-Allee
Hollerallee
Wachmannstraße
Georg-Gröning-Straße
Carl-Schurz-Straße
Donandtstraße
Schwachhauser Heerstraße
Dijonstraße
Orleansstraße
Kurfürstenallee

Falkenstraße
Breitenweg
Am Wandrahm
Bremen Hauptbahnhof
An der Weide
Hermann-Böse-Straße
Parkallee
Am Barkhof
Parkstraße
Hollerallee
Schwachhauser Heerstraße
Elsasser Straße
Lothringer Str.

Neuenstraße
Geeren
Am Wall
MITTE
Obernstraße
Martinistraße
Schlachte
Sögestraße
Richtweg
Rembertiring
Contrescarpe
Roonstraße
Bismarckstraße
Am Dobben
Mathildenstraße
Herderstraße
Feldstraße
Humboldtstraße
Fesenfeld
Sankt-Jürgen-Straße

Am Deich
5
Teerhof
10
4
1
Kohlhökerstraße
3
Tiefer
2
Ostertorsteinweg
8
Bleicherstraße
Kreuzstraße
Sielwall
Fehrfeld
Vor dem Steintor
Friesenstraße

Westerstraße
ckstraße
Große Johannisstraße
Neustadtswall
Werderstraße
Kleine Weser
Friedrich-Ebert-Straße
Buntentorsteinweg
Sielwallfähre
Osterdeich
Strandweg
Weser

NEUSTADT

	Autobahn
	Bundesstraße
	Straße
	Verkehrsberuhigte Zone
	Fußwege
	Bahnlinie
	Fernbahnhof
	S-Bahnhof

N

200 m

©Mapcreator.io/©HERE

Wahrzeichen mit Rückendeckung: Hinter dem Roland ragen hübsche Giebelhäuser in den Bremer Himmel

Kleiner Gigant

Zwei Städte, aber ein Bundesland. Hoch verschuldet, aber eine Handelsmacht. Alles ein wenig kompliziert in Bremen. Hier das Wichtigste für Neuankömmlinge

Einwohner

Knapp 570 000 Menschen leben in der Stadt Bremen, gut 110 000 sind es in Bremerhaven, Deutschlands einziger Großstadt an der Nordsee.

Geografie

Bremen und Bremerhaven, die Luftlinie etwa 54 Kilometer voneinander entfernt sind, bilden gemeinsam das Bundesland Freie Hansestadt Bremen. Der Zwei-Städte-Staat im Nordwesten von Deutschland ist komplett in Niedersachsen eingebettet. Mit gut 419 Quadratkilometern nimmt er nur etwa 0,16 Prozent der Gesamtfläche der Bundesrepublik ein – und ist damit das kleinste deutsche Bundesland. Eine besondere Rolle kommt der Weser zu, die Bremen mit der Nordsee verbindet. Die zunehmende Versandung dieses Abschnitts war der Grund dafür, dass an der Mündung 1827 Bremerhaven gegründet wurde.

Politik

Seit mehr als 70 Jahren stellt die SPD den Bürgermeister, der gleichzeitig auch Präsident des Senats ist, wie die Bremer Regierung heißt. 2019 hat der Sozialdemokrat Andreas Bovenschulte das Amt übernommen und führt nun die rot-grün-rote Koalition. Der Landtag heißt in Bremen Bürgerschaft und tagt, zumeist öffentlich, neben dem Rathaus im denkmalgeschützten Haus der Bürgerschaft.

Wirtschaft

Besonders die Lage am Wasser macht das Bundesland Bremen gemessen an seiner Größe zu einem wirtschaftlichen Schwergewicht. Ein Fünftel des gesamten Umsatzes des Bundeslandes wird durch die Häfen in Bremen und Bremerhaven sowie die damit verbundenen Branchen erwirtschaftet. Besonders der Seehafen von Bremerhaven, nach Hamburg der zweitgrößte in Deutschland, ist ein internationaler Umschlagplatz – einer der bedeutendsten für Autos. Neben der Hafenwirtschaft ist Bremen unter anderem ein wichtiger Standort der Windkraft sowie der Luft- und Raumfahrt, dessen bekanntestes Unternehmen Airbus ist (S. 78).

Haushalt

Die Verschuldung des Bundeslands Bremen ist mittlerweile fast schon legendär: Sie begann in den 1960er Jahren, als nach neuer Ordnung Steuern am Wohn- statt am Arbeitsort gezahlt wurden. Deutschlandweit sind die Bremer aktuell pro Kopf am höchsten verschuldet – mit fast 58 000 Euro pro Einwohner. Für alle, die es genau wissen möchten, hat der Bund der Steuerzahler in der Bremer Sandstraße eine »Schuldenuhr« installiert, welche den aktuellen Stand anzeigt. Das Bundesland hat auch mit großer Armut zu kämpfen: Laut einer aktuellen Studie des Paritätischen Wohlfahrtsverbandes ist fast ein Viertel der Bevölkerung von Armut betroffen.

Vorwahl

Die Vorwahl für die Stadt Bremen lautet 0421, die für Bremerhaven 0471.

Anreise

Per Auto, Flugzeug oder Bahn – Bremen ist mit allen Verkehrsmitteln sehr gut zu erreichen. Wer mit dem Auto anreist, findet auf vmz.bremen.de/parken eine Übersicht über die Parkmöglichkeiten inklusive aktuellem »Füllstand« der meisten Parkhäuser. Der Bremer Hauptbahnhof ist nur wenige Hundert Meter von der Altstadt entfernt. Aber auch der Flughafen liegt nicht komplett außerhalb – etwa zehn Minuten braucht man mit der Straßenbahnlinie 6 von dort bis ins Zentrum. Zwischen Bremen und Bremerhaven verkehren Regionalbahnen, die Fahrtdauer beträgt zwischen 35 und 45 Minuten.

Unterwegs in Bremen

Bremens bekannteste Sehenswürdigkeiten befinden sich alle dicht nebeneinander: Am Marktplatz zum Beispiel finden Besucher den Dom St. Petri, das Rathaus, die Statue des Rolands und die Skulptur der Bremer Stadtmusikanten. Die Innenstadt lässt sich bestens zu Fuß erkunden, ansonsten zieht sich Bremen ganz schön in die Länge: Der Stadtbezirk Bre-

Literatur

Gerade bewirbt sich Bremen um den Titel als »UNESCO City of Literature« – mit Grund. So kommen mehrere bekannte Autoren ursprünglich aus Bremen, etwa Benjamin von Stuckrad-Barre und Sven Regener, der seine Heimat in »Neue Vahr Süd« aufgreift – der Roman erzählt die Vorgeschichte der bekannten Romanfigur Frank Lehmann. Wer erst einmal nur schauen will: »Bilder für Bremen«, 2019 vom Focke-Museum herausgegeben, zeigt faszinierende Bremen-Aufnahmen des Fotografen Hans Saebens aus den Jahren 1930 bis 1969. Eine charmante, von Janosch illustrierte Ausgabe des Klassikers »Die Bremer Stadtmusikanten« ist im Bremer Verlagshaus Edition Temmen erschienen (edition-temmen.de) – auch sonst eine gute Adresse für Literatur über die Hansestadt.

men-Nord um Vegesack, einst eine eigenständige Stadt, ist über 15 Kilometer von der Innenstadt entfernt – hier hilft das gut ausgebaute Netz aus Bussen, Straßen- und Regionalbahnen. Mehrere Fähren überqueren außerdem die Weser, darunter die charmante kleine Sielwallfähre zwischen dem Osterdeich und dem »Café Sand«. Die Weserfähre verbindet von April bis Oktober an Wochenenden und Feiertagen die Überseestadt, Woltmershausen und Gröpelingen. Zum Radeln können per App an 40 festen Stationen »WK-Bike«-Leihfahrräder ausgeliehen werden (Info unter wk-bike.de). Guter Deal: Mit der BremenCARD sind Bus und Bahnfahrten ab 18 Uhr kostenlos, dazu gibt es Ermäßigungen für Schifffahrten.

Info

Nützliche Tipps für die Reise gibt es auf den offiziellen Websites der Tourismusämter: bremen-tourismus.de und bremerhaven.de/tourismus. In den Städten selbst finden sich gut erreichbare Tourist-Informationen, in Bremerhaven etwa in der Hafeninsel (Hermann-Henrich-Meier-Str. 6), in Bremen am Hauptbahnhof und im »Haus des Glockenspiels« (Böttcherstr. 4). Dort beginnen auch die Stadtrundgänge.

Leben am Wasser:
48 Stunden im idyllischen
Lindau am Bodensee

Urlaub auf dem Wasser:
MERIAN war mit dem
Hausboot unterwegs

Wohnen am Wasser: Den
Leuchtturm Glowe auf
Rügen kann man mieten

Auszeit am Wasser:
mit dem Kanu auf der Peene
die Langsamkeit entdecken

Deutschland am Wasser

ERLEBEN MERIAN-Autoren über ihren Wassersport
GENIESSEN Inspiration für den Urlaub mit Blick aufs Wasser
ERFAHREN Mit Rad oder Kanu durch schöne Flusslandschaften
STAUNEN Unterwegs in Duisburg, dem größten Binnenhafen Europas

Haben Sie eine
MERIAN-Ausgabe verpasst?
Bestellservice: Tel. (040) 2717-1110
E-Mail: sonderversand@jalag.de
oder online bestellen unter
www.merian.de
oder www.einzelheftbestellung.de

Abo bestellen:
Tel. (040) 21031371
E-Mail: leserservice-jalag@dpv.de
oder online unter
shop.jalag.de

Zuletzt erschienen:

Februar 2021

März 2021

April 2021

Mai 2021

Juni 2021

In Vorbereitung:
Bretagne
Wiesbaden und der Rheingau
Deutschland: City Trips